suhrkamp taschenbuch
wissenschaft 2349

Die gegenwärtige Debatte über Religion tritt auf der Stelle, und häufig beschleicht einen das Gefühl, dass Gläubige und Ungläubige einfach aneinander vorbeireden. Der britische Philosoph und Atheist Tim Crane bietet in seinem von der Kritik gefeierten Buch einen Ausweg aus dieser Pattsituation. Nicht die Wahrheit oder Falschheit der Religion wird bewertet, vielmehr untersucht Crane die Bedeutung des Glaubens im Leben der Menschen. Dadurch ermöglicht er es Atheisten, eine intellektuell verantwortungsvollere und praktisch wirksamere Haltung gegenüber dem Phänomen der Religion einzunehmen.

Tim Crane ist einer der führenden Vertreter der Philosophie des Geistes. Nach Professuren am University College London und der University of Cambridge ist er seit 2017 Professor für Philosophie an der Central European University in Budapest und Wien.

Tim Crane
Die Bedeutung des Glaubens

Religion aus der Sicht eines Atheisten

Aus dem Englischen
von Eva Gilmer

Suhrkamp

Die Originalausgabe erschien 2017 unter dem Titel
The Meaning of Belief. Religion from an Atheist's Point of View
bei Harvard University Press, Cambridge, MA.
© 2017 by the President and Fellows of Harvard College

Bibliografische Information der Deutschen Nationalbibliothek
Die Deutsche Nationalbibliothek verzeichnet diese Publikation
in der Deutschen Nationalbibliografie;
detaillierte bibliografische Daten sind im Internet
über http://dnb.d-nb.de abrufbar.

Erste Auflage 2021
suhrkamp taschenbuch wissenschaft 2349
© der deutschen Ausgabe
Suhrkamp Verlag Berlin 2019
Alle Rechte vorbehalten, insbesondere das
des öffentlichen Vortrags sowie der Übertragung
durch Rundfunk und Fernsehen, auch einzelner Teile.
Kein Teil des Werkes darf in irgendeiner Form
(durch Fotografie, Mikrofilm oder andere Verfahren)
ohne schriftliche Genehmigung des Verlages reproduziert
oder unter Verwendung elektronischer Systeme
verarbeitet, vervielfältigt oder verbreitet werden.
Umschlag nach Entwürfen von
Willy Fleckhaus und Rolf Staudt
Druck und Bindung: C. H. Beck, Nördlingen
Printed in Germany
ISBN 978-3-518-29949-4

Inhalt

Vorwort
7

1. Religion und der Standpunkt des Atheisten
13

2. Der religiöse Impuls
43

3. Identifikation
81

4. Religion und Gewalt
113

5. Die Bedeutung von Toleranz
149

Anmerkungen
177

Register
185

Für meine Eltern

Vorwort

Wie der Titel schon sagt, geht es in diesem Buch um die Bedeutung des religiösen Glaubens, nicht um seine Wahrheit. Im Unterschied zu vielen jüngeren Beiträgen zur aktuellen Debatte über die Religion wird es sich daher bestenfalls am Rande mit der Frage beschäftigen, ob bestimmte Ausprägungen des Atheismus oder des Theismus wahr oder falsch sind. Es wird auch kein Versuch unternommen, die guten Aspekte des religiösen Glaubens herauszupicken und sie für atheistische Zwecke zuzurichten, wie das in einigen neueren Publikationen seitens atheistischer Autoren gemacht worden ist. Das Ziel dieses Buches besteht vielmehr darin, so breit und so offen wie möglich die Frage zu diskutieren, was Religion für Menschen bedeutet und welche intellektuellen, ethischen und praktischen Einstellungen Atheisten gegenüber dem Phänomen der Religion sowie gegenüber religiösen Menschen einnehmen sollten.

Viele atheistisch eingestellte Autoren der Gegenwart (insbesondere die sogenannten Neuen Atheisten, also Richard Dawkins, Daniel C. Dennett, A. C. Grayling, Sam Harris und der verstorbene Christopher Hitchens) haben eine ausgesprochen kämpferische Haltung gegenüber der Religion an den Tag gelegt. Zwei Ansichten dominieren in ihren Schriften: (1) dass Religion auf gewissen kosmologischen Überzeugungen beruhe, von denen allerdings keine einzige wahr sei; und (2) dass das angemessene Vorgehen von atheistischer Seite darin bestehe, diese Überzeugungen mittels wissenschaftlicher Belege und philosophischer Argumente aus der Welt zu schaffen und mit ihnen direkt auch die Religion als solche.

Ich werde in diesem Buch Argumente vortragen, denen zufolge beide Ansichten falsch sind. Obgleich Religionen tendenziell ein explizites kosmologisches Element beinhalten, werde ich gegen die erste Ansicht behaupten, dass sich die religiöse Weltsicht nicht darin erschöpft. Vielmehr sollte diese Weltsicht als eine Kombination aus zwei grundlegenden Einstellungen begriffen werden. Die erste nenne ich »religiösen Impuls«, worunter ich einen Sinn fürs Transzendente verstehe, dafür, dass »all das hier doch noch nicht alles sein kann«. Die zweite ist eine Einstellung gegenüber anderen Menschen, die ich als »Identifikation« bezeichne, was so viel meint wie: sich einer historischen Tradition zugehörig zu fühlen und sie zum Ausdruck zu bringen, indem man ihre Rituale und Gebräuche verwendet, um sich die Welt zu erschließen. (Dies beinhaltet im Übrigen auch die moralischen Elemente des religiösen Glaubens.) Die Verbindung zwischen diesen beiden Einstellungen wird durch die Idee des Heiligen gestiftet, und zwar in einer Weise, die ich in Kapitel 3 erklären werde.

Zur zweiten Ansicht der Neuen Atheisten ist zu sagen, dass es in Anbetracht des Wesens der Religion mehr als fraglich ist, ob wissenschaftliche und philosophische Argumente grundsätzlich etwas ausrichten können, wenn es darum geht, den religiösen Glauben zu beseitigen. Sie mögen in einigen wenigen Kontexten funktionieren, aber in den allermeisten Interaktionen sind sie nutzlos – und dies sagt uns etwas Wichtiges über die Religion selbst. Es ist einfach extrem unwahrscheinlich, dass die Religion aus menschlichen Gesellschaften, so wie sie faktisch beschaffen sind, verschwinden wird. Die Atheisten müssen sich also eine realistischere und praktikablere Strategie gegenüber der Religion und den Religiösen überlegen.

Als Alternative zum Ansatz der Neuen Atheisten plädiere ich dafür, dass wir Atheisten den Versuch unternehmen sollten, Religion zu verstehen und sie – in gewissen Grenzen – zu tolerieren. Wir sollten versuchen, sie zu verstehen, weil uns ansonsten etwas fehlt, nämlich ein angemessenes Verständnis eines fundamentalen Teils der menschlichen Zivilisation und Geschichte – also unserer selbst. Verstehen heißt nicht akzeptieren und auch nicht notwendigerweise respektieren. Ich sage nicht, dass sämtliche religiösen Ansichten Respekt verdienen, bin aber schon der Auffassung, dass wir sie tolerieren sollten, solange sie sich im Rahmen der Gesetze bewegen. Toleranz impliziert, dass man ablehnt, was man toleriert, nicht, dass man es achtet oder bewundert. Atheisten sollten religiöse Ansichten also tolerieren, aber nicht deshalb, weil sie sie respektieren, sondern weil ihnen daran gelegen sein sollte, friedlich mit den Religiösen zusammenzuleben, anstatt davon auszugehen, dass das Phänomen der Religion über kurz oder lang von rationalen oder wissenschaftlichen Argumenten zum Verschwinden gebracht wird.

Mit diesem Buch beabsichtige ich, einen Beitrag zu einer öffentlichen Debatte über ein wichtiges Thema zu leisten. Mir schwebt keine wissenschaftliche Abhandlung, keine theologische oder anthropologische Untersuchung vor, zumal ich keine neuen Theorien oder empirischen Entdeckungen zu bieten habe. Was ich allerdings anbiete, ist ein philosophisches Bild eines realen Phänomens sowie als Zugabe einige praktische Tipps für Atheisten. In Kapitel 1 werde ich die Vorstellungen von Religion, Atheismus und Glauben, die ich im Buch entwickeln werde, in ihren Grundzügen umreißen; in Kapitel 2 wird der kosmologische Gehalt von Religion beschrieben, und das Bild, das dabei herauskommt, wird sehr anders aussehen als dasjenige, das die Neuen Atheisten uns diesbezüglich präsentieren. In Kapitel 3 werde ich mich mit dem Phänomen der Identifikation beschäftigen, um mich dann, in Kapitel 4, der schwierigen Frage nach dem Zusammenhang von Religion und Gewalt zuzuwenden und außerdem darüber nachzudenken, ob religiöser Glaube zwangsläufig »irrational« ist. Im abschließenden Kapitel 5 geht es um die Haltung der Toleranz, die ich Nichtgläubigen anempfehle.

Ich begann, über die Themen dieses Buches nachzudenken, als ich gebeten wurde, im November 2007 die Bentham Lecture am University College London (UCL) zu halten. Diese Vorlesung findet regelmäßig statt und wird vom Fachbereich Philosophie des UCL sowie der British Humanist Association (BHA) gesponsert. Ich danke Jo Wolff vom UCL und Peter Cave von der BHA für diese Einladung. In meiner Vorlesung habe ich die Gelegenheit ergriffen, einige Aspekte des zeitgenössischen Humanismus im Vereinigten Königreich zu kritisieren: seine Neigung, sich selbst als eine alternative Weltsicht zu einer religiösen darzustellen, seine überzogene Stilisierung der Religion als Wurzel allen Übels in der Welt, sein Beharren darauf, dass Religion nicht bloß falsch, sondern irrational sei, sowie seine Übertreibung der Relevanz, die kosmologischen Überzeugungen angeblich zukommt, und zwar sowohl in der Religion selbst als auch in den Reaktionen auf sie. Ich habe damals vorgetragen, was Atheisten meiner Ansicht nach zu erreichen versuchen sollten: »eine Toleranz, deren Ziel nicht Wahrheit, sondern Wahrung des Friedens ist«, wie John Gray es formuliert.[1]

Die Vorlesung ging gründlich in die Hose, was wahrscheinlich daran lag, dass mein Publikum etwas völlig anderes erwartet hatte, nämlich einen weiteren Frontalangriff auf die Religion samt all den üblen Sachen, die auf ihr Konto gehen. Diese Reaktion hat mich jedoch in meiner Vermutung bestätigt, dass es möglich ist, eine andere und andersartige atheistische Einstellung zur Religion zu entwickeln. Herausgekommen ist dieses Buch.

Die Gespräche, die ich über die Jahre mit David Owens geführt habe, waren bei der Ausarbeitung meiner Gedanken zu diesen Themen enorm hilfreich. Ich möchte außerdem Philip Goff, Stephen Hampton, Tom Pink, Rupert Shortt und Michael Thorne für ihre Einsichten danken, die sie in verschiedenen Diskussionszusammenhängen vorgetragen haben. Einen wichtigen Einfluss, den ich nicht unerwähnt lassen möchte, haben die Schriften Karen Armstrongs, Thomas Nagels und (insbesondere) Roger Scrutons auf mich ausgeübt. Außerdem bedanke ich mich bei Philip Kitcher und einer anonymen Gutachterin, die das Manuskript für Harvard University Press gelesen und nicht mit nützlichen Verbesserungsvorschlägen gespart haben; ich habe versucht, sie in der finalen Fassung des Textes umzusetzen. Meine Frau, Kati Farkas, hat mir mit ihren klugen und präzisen Kommentaren enorm bei der Überarbeitung des Manuskripts geholfen. Ian Malcolm, mein Lektor bei Harvard University Press, hat das Projekt unermüdlich gefördert, geduldig begleitet und jenes Augenmaß walten lassen, für das er bekannt ist. Zum Schluss möchte ich meinen Eltern danken, Ann und Walter Crane, mit denen ich diese Themen seit Jahren diskutiere. Meine Hoffnung ist, ein Buch geschrieben zu haben, das sie vielleicht lesen möchten.

1. Religion und der Standpunkt des Atheisten

Religion und Glaube

Als Papst Franziskus im Januar 2015 die Philippinen besuchte, nahmen zwischen sechs und sieben Millionen Gläubige an der Abschlussmesse in Manila teil. Im selben Jahr pilgerten zwei Millionen Muslime im Rahmen des obligatorischen Haddsch nach Mekka und ließen sich das insgesamt acht Milliarden Dollar kosten. Geradezu zwergenhaft nehmen sich diese Zahlen allerdings im Vergleich mit den 26 Millionen schiitischen Muslimen aus, die ebenfalls 2015 an der Al-Arba'in-Wallfahrt nach Kerbela im Irak teilnahmen, um des Todes von al-Husain ibn 'Alī zu gedenken, der ein Enkelsohn des Propheten Mohammed war. 26 Millionen Menschen: das ist das Fünffache der Bevölkerung Dänemarks. Zwei Jahre zuvor kamen bei einem mehrwöchigen religiösen Fest des Hinduismus, der Kumbh Mela in Allahabad im indischen Bundesstaat Uttar Pradesh, 120 Millionen Menschen zusammen. An einem Tag während dieses Festes haben geschätzte 25 Millionen Menschen an einem rituellen Bad am Zusammenfluss von Ganges und Yamuna teilgenommen. Diese Ereignisse, die sämtlich in den letzten Jahren stattfanden, gehören zu den größten temporären Menschenansammlungen aller Zeiten.

Die Zahlen sind atemberaubend und geben uns einen Eindruck vom gegenwärtigen Ausmaß der religiösen Zugehörigkeiten auf unserem Planeten. Dem Pew Research Center zufolge gibt es aktuell 2,2 Milliarden Christen, 1,6 Milliarden Muslime und eine Milliarde Hindus weltweit.[1] Das bedeutet, dass 4,8 Milliarden der 7,16 Milliarden Menschen auf der Erde Anhänger dieser drei riesigen Religionen sind. Und dann gibt es natürlich auch noch all die »kleineren« Religionen: Judentum, Buddhismus, Shintoismus, Jainismus, Sikhismus und viele andere. Etwa 1,1 Milliarden Menschen bezeichnen sich als Säkulare, Atheisten, Agnostiker oder Nichtreligiöse. Das heißt auch: Sechs Milliarden Menschen betrachten sich als Anhänger der einen oder anderen Religion – das sind mehr als 80 Prozent der Weltbevölkerung.

Was ist Religion, und warum bewegt sie die Menschen? Das ist natürlich eine viel zu große Frage, zumal für eine Person, um sie in einem einzigen Buch zu beantworten. Allerdings sind viel zu große Fragen – à la »Was ist das Gute?«, »Was können wir wissen?«, »Was ist die Wirklichkeit?«, »Wie sollen wir leben?« – das Geschäft der Philosophie, die nichts wäre, würde sie nicht versuchen, sie zu beantworten. In diesem optimistischen Geist gehe ich daher die eben gestellte nach der Religion an.

Dieses Buch ist von einem atheistischen Standpunkt aus geschrieben, unterscheidet sich aber von einigen neueren atheistischen Schriften zum Thema Religion in zwei Hinsichten. Erstens beschäftigt es sich nicht mit der Wahrheit religiöser Überzeugungen, sondern mit deren Bedeutung: damit, was es bedeutet, an religiöse Ideen zu glauben, damit, was dies wiederum für die Gläubigen bedeutet, und auch damit, was es für Nichtgläubige bedeuten sollte. Es soll um das Wesen und die Bedeutung religiösen Glaubens im Allgemeinen gehen und nicht um eine Diskussion spezieller religiöser Doktrinen, wie sie von einzelnen Glaubensrichtungen oder religiösen Traditionen vertreten werden. Zweitens werde ich in diesem Buch ein Bild der Religion zeichnen, das sich von den neueren atheistischen Darstellungen unterscheidet. Diese Ansätze haben die Neigung, die Religion entweder als eine Art primitiver Kosmologie zu präsentieren – als eine unterentwickelte oder protowissenschaftliche Theorie des ganzen Universums – oder als einen schlichten Moralkodex oder als eine Kombination aus beidem. Ich glaube zwar, dass religiöser Glaube sowohl kosmologische als auch moralische Elemente beinhaltet, weise jedoch seine Reduktion auf eines dieser Elemente oder gar auf deren Kombination zurück. Religiöser Glaube erschöpft sich weder in Kosmologie noch in Moral, und er ist auch keine Kosmologie-plus-Moral. Es wird uns nicht gelingen, dieses so grundlegende menschliche Phänomen zu verstehen, wenn wir versuchen, es in diese vorgefertigten Schubladen zu pressen.

Womöglich fordert die Leserin nun von mir eine Definition dessen, was ich unter Religion verstehe. Hier muss ich passen, jedenfalls wenn damit »Definition« in einem strengen Sinn gemeint ist. Friedrich Nietzsche hat gesagt, dass nur Dinge, die keine Geschichte haben, definiert werden können, und wenn er recht hat (was gewiss der Fall ist), dann lässt sich Religion nicht definieren.[2] Religion ist derart verwoben mit der Menschheitsgeschichte und der Prähistorie, dass eine präzise Definition, wie wir sie aus der Mathematik kennen – die mit ihren Zahlen, Funktionen, Mengen usw. das Musterbeispiel einer geschichtslosen Angelegenheit abgibt –, nichts ist, worauf wir hoffen sollten.

Anstatt also nach einer strengen Definition zu suchen, sollten wir uns um ein Verständnis der Religionen bemühen, indem »wir in der Geschichte die Art und Weise verfolgen, wie sie sich allmählich zusammengesetzt haben«, wie Emile Durkheim es ausgedrückt hat.[3]

Die meisten großformatigen Versuche, Religion zu definieren, bekommen es früher oder später mit irgendeinem Gegenbeispiel zu tun – weil eine Religion ins Spiel kommt, auf die die Definition nicht zutrifft, oder weil man auf etwas stößt, auf das sie zwar zutrifft, das aber keine Religion ist. Dies ist einer der Gründe, warum die Definitionsunmöglichkeit fast schon zu einem Allgemeinplatz unter Theoretikern der Religion geworden ist. In seinem klassischen Werk *Die Vielfalt der religiösen Erfahrung* zerbricht sich William James über die Vielzahl der in Umlauf befindlichen Definitionen den Kopf und kommt zu dem Schluss, dass »uns allein die Tatsache, daß es so viele und daß sie voneinander so verschieden sind, als Beweis dafür dienen [soll], daß das Wort ›Religion‹ nicht für ein bestimmtes Prinzip oder Wesen steht«.[4] Einige heutige Autorinnen und Autoren pflichten dem bei. Karen Armstrong etwa hält fest, dass »es keine allgemein gültige Definition von Religion gibt«, und argumentiert, dass es sich bei dem Begriff nicht unbedingt um einen handelt, der in Gesellschaften früherer Epochen geläufig war: weder im Altgriechischen noch im Lateinischen oder im Tanach findet sich ein einzelnes Wort, dass wir mit »Religion« übersetzen können.[5] Tatsächlich ist der Ursprung des Begriffs des Religiösen, verstanden als Gegensatz zum Säkularen, Gegenstand von Kontroversen und nach wie vor ein Stück weit unklar.

Um einen anständigen Überblick über unseren Untersuchungsgegenstand zu gewinnen, sollten wir aber dennoch versuchen, so genau wie möglich anzugeben, worüber wir sprechen – selbst wenn wir die Frage nach dem historischen Ursprung des Begriffs nicht beantworten können und es sich zudem herausstellt, dass das, was am Ende herauskommt, keinerlei Ähnlichkeit mit einer strengen mathematischen Definition hat (was, wenn wir ehrlich sind, für die allermeisten Dinge gilt). James war auf der richtigen Spur: »[Wir] wollen lieber gleich zu Anfang freimütig zugeben, daß wir sehr wahrscheinlich nicht ein Wesen von Religion finden werden, sondern viele Charakterzüge, die abwechselnd gleichermaßen wichtig für eine Religion sein können.«[6] Hier also mein erster Anlauf, diese Merkmale zu bestimmen.

Religion, so wie ich das Wort verwende, ist ein systematischer und praktischer Versuch, den Menschen unternehmen, um Sinn und Bedeutung in der Welt und ihren Platz in dieser zu finden, und zwar in Form einer Beziehung zu etwas Transzendentem. Diese Beschreibung beinhaltet vier wesentliche Komponenten: Religion ist erstens etwas Systematisches; zweitens ist sie etwas Praktisches; sie ist drittens der Versuch einer Sinnfindung; und sie rekurriert viertens auf das Transzendente. Lassen Sie mich kurz etwas über diese vier Ideen sagen, denn in ihrer ausbuchstabierten Form bilden sie die Substanz, von der das ganze restliche Buch zehrt.

Zuerst zum Systematischen. In einem genuinen Sinn religiös zu sein heißt nicht nur, über eine wie auch immer geartete spirituelle Seite zu verfügen, so wichtig dieses psychologische Phänomen auch sein mag. Zur Religiosität gehört vielmehr wesentlich ein ganzes Bündel von aufeinander abgestimmten und zueinander passenden Vorstellungen und Praktiken. Man ist nicht schon deshalb religiös, weil man davon überzeugt ist, dass es mehr zwischen Himmel und Erde gibt als das, was man um sich herum mit seinen fünf Sinnen wahrzunehmen imstande ist; vielmehr muss diese Überzeugung in ein ganzes System von Überzeugungen oder Metaphern oder Geschichten eingebettet sein – über Gott und das Heilige, zum Beispiel, und auch darüber, wie man sein Leben Tag für Tag gestalten soll. Dieses Gedankengebäude und weitere Einstellungen sind häufig in heiligen Texten enthalten und werden zu offiziellen Doktrinen oder zur Theologie einer religiösen Gruppe ausgearbeitet. Ich erwähne hier andere Einstellungen, Metaphern und Geschichten, um der Tatsache Rechnung zu tragen, dass die Gläubigen selbst mit Blick auf die Doktrinen, denen sie anhängen, nicht davon ausgehen, dass sie sich eins zu eins in die Form von Überzeugungen bringen ließen. Dazu später mehr.

Nun zur zweiten, der Praxiskomponente. Religion beinhaltet nicht nur den Glauben an gewisse Aussagen oder Doktrinen sowie das Vertrautsein mit bestimmten Geschichten, sondern auch ein spezifisches Handeln. Zwei hier wichtige Handlungsarten lassen sich grob unterscheiden: zum einen das Praktizieren religiöser Riten, und zwar entweder allein oder im Kollektiv, und zum anderen das auf andere Menschen gerichtete Handeln, eine Kategorie, unter die sowohl Verhaltenskodizes fallen als auch moralische oder wohltätige Praktiken. Daran sieht man, inwiefern Moral zur Praxiskomponente der Religion gehört, die sich aber nicht in ihr erschöpft. Auf diesen Sachverhalt werde ich in Kapitel 3 zurückkommen.

Kommen wir drittens zu Sinn und Bedeutung. Es ist natürlich keine Neuigkeit, dass Religion eine Suche nach dem Sinn des Lebens ist. Aber nicht jede Sinnsuche ist eine religiöse. Einige Menschen schöpfen Sinn aus ihren Beziehungen zu ihren Liebsten, zu ihren Kindern und ihrer Familie, andere aus der Beschäftigung mit Kunst, Musik und schönen Dingen; und für wiederum andere ist es sinnstiftend, ihren eigenen Lebensentwurf zur verwirklichen oder ein Leben zu führen, das gewissen ethischen, moralischen oder politischen Maßstäben entspricht. Allerdings hat all dies nichts mit der Frage nach dem Sinn *unserer Leben im Ganzen* zu tun. James Tartaglia hat darauf hingewiesen, dass Philosophen, wenn sie die Frage nach dem Sinn des Lebens beantworten, indem sie über den Sinn *im* Leben einer Person reden, im Grunde das Thema wechseln, und zwar oft, ohne es zuzugeben.[7] Simon Blackburn beispielsweise gibt jenen Atheisten, die meinen, wir lebten in einer Welt ohne Sinn und Bedeutung, den schlichten Hinweis, dass »es jede Menge Sinn im Verlauf eines Lebens zu entdecken gibt. Das Lächeln eines Babys bedeutet der Mutter alles; Erfolge bedeuten denjenigen sehr viel, die hart dafür gearbeitet haben, usw.«[8] Jedoch sind diese und die zuvor erwähnten Dinge allesamt Versuche, Sinn *im* Leben zu finden, wohingegen es der Religion meiner Meinung nach um den Sinn *des* Lebens als Ganzes geht – darum, »all [unserem] Tun einen letztgültigen Sinn [zu] geben«, wie Armstrong es formuliert.[9]

Nach dem Sinn des Lebens Ausschau zu halten ist etwas anderes, als die Welt, und wie alles in ihr miteinander zusammenhängt, verstehen zu wollen. Es ist richtig, dass diese Art des – naturwissenschaftlichen oder metaphysischen – Verstehens im Ergebnis dazu führen kann, »Sinn aus etwas zu machen«,[10] aber es unterscheidet sich grundlegend vom religiösen Zugriff auf die Frage nach dem Sinn des Lebens. Thomas Nagel hat es so ausgedrückt: »Es ist wichtig, die [religiöse] Frage von dem reinen Bedürfnis, das Universum und unseren Platz darin verstehen zu wollen, zu unterscheiden.«[11] Nagel zufolge ist dies die religiöse Frage: »Wie kann man seiner Beziehung zum Universum im Ganzen in seinem individuellen Leben auf umfassende Weise Rechnung tragen?«[12]

Ziemlich allgemein und abstrakt ausgedrückt lautet die religiöse Antwort auf diese Frage, dass man sein ganzes Leben im Bewusstsein des Transzendenten leben sollte – womit wir bei der vierten Komponente oder Idee wären, die in meiner Definition von Religion wichtig ist. Das Transzendente ist etwas, das nicht von dieser Welt ist – das jenseits des Gewöhnlichen und Alltäglichen liegt, jenseits der Welt der Erfahrungen und auch der Wissenschaft. Vom religiösen Standpunkt aus gesehen ist ein Leben im Bewusstsein des Transzendenten der Weg, um zu Sinn und Bedeutung zu gelangen. Die religiöse Sinnsuche endet im Transzendenten. Es sei ein wesentlicher Bestandteil religiösen Lebens, »auf die Anzeichen einer transzendenten Welt der Bedeutung [zu reagieren], die in die gewöhnliche Welt unserer fünf Sinne hereinbricht«, sagt beispielsweise John Cottingham.[13]

Wie wir noch sehen werden, ist es durchaus verbreitet, das religiöse Bekenntnis zum Transzendenten als eines zum »Übernatürlichen« und zu »übernatürlichen Entitäten« zu beschreiben. Aus meiner Sicht ist das jedoch eine recht problematische Beschreibung, und zwar in einer Reihe von Hinsichten. Erstens kann sich der religiöse Glaube nicht im Glauben ans Übernatürliche erschöpfen, weil sich Religion ansonsten nicht von Magie unterscheiden ließe (was, wie Durkheim gezeigt hat, nötig ist, um zu einer angemessenen Vorstellung von Religion zu gelangen). Zweitens liegt dem Verweis auf die Idee des Übernatürlichen eine bestimmte Konzeption der Natur zugrunde, der zufolge die Natur – ein autonomes, von Gesetzen regiertes Ganzes – einen Gegensatz zu Gott und dem Göttlichen bildet. Diese Naturkonzeption ist allerdings ein Produkt der wissenschaftlichen Revolution des 17. Jahrhunderts und wäre davor gewiss von niemandem unterschrieben worden. Durkheim hat diesen Punkt – im Jahr 1912 – sehr schön zum Ausdruck gebracht:

> Im übrigen ist der Begriff vom Übernatürlichen erst jüngsten Ursprungs: er setzt nämlich den entgegengesetzten Begriff voraus, dessen Negation er ist, und dieser hat nichts Primitives an sich. Damit man von bestimmten Fakten sagen kann, sie wären übernatürlich, müßte man vorher das Gefühl haben, daß es *eine natürliche Ordnung der Dinge* gibt, d.h. daß die Phänomene des Universums untereinander durch notwendige Beziehungen, die man Gesetze nennt, verbunden sind.[14]

Wenn wir also den von mir so bezeichneten religiösen Impuls aus der Perspektive derjenigen Tradition beschreiben wollen, zu der er gehört, dann sollten wir uns hüten, die Idee des Übernatürlichen in unsere Definition von Religion einzubauen. Das ist der Grund, warum ich Religion in Begriffen des Transzendenten und nicht des Übernatürlichen definiere.

Das Transzendente ist etwas, das jenseits oder außerhalb unserer Erfahrung liegt. Religion ist der systematische und praktische Versuch, sich selbst mit dem Transzendenten in Verbindung zu bringen, und Gott (unter diversen Namen und in vielerlei Gestalt) ist sozusagen die bevorzugte Fassung, die dem Transzendenten gegeben wurde. Um uns einen angemessenen Überblick über das Phänomen der Religion zu verschaffen, sollten wir allerdings nicht so vorgehen, dass wir in einem ersten Schritt Gott als eine hypothetische Entität einführen, um von da aus unsere gesamte Konzeption des religiösen Glaubens aufzubauen. Vielmehr ist es ratsam, Behauptungen über Gott im Kontext all der anderen Elemente von Religion zu betrachten – insbesondere in dem jener beiden Aspekte, die ich in Kapitel 2 und 3 genauer analysieren werde und die ich »religiöser Impuls« und »Identifikation« nenne. Der religiöse Impuls ist das Bedürfnis, sein Leben im Einklang mit dem Transzendenten zu führen (mit dem Willen Gottes, zum Beispiel). Und »Identifikation« ist mein Wort für den Sachverhalt, dass Religionen soziale Institutionen sind, dass man, wie Durkheim es ausdrückt, nicht einfach nur an eine Religion glaubt, sondern ihr angehört.

Meine grobe Definition von Religion unterscheidet sich also doch ziemlich von denjenigen, die uns einige neuere atheistische Autoren präsentiert haben. Daniel C. Dennett zufolge sind Religionen »soziale Systeme [...], deren Mitglieder sich zum Glauben an einen oder mehrere übernatürliche Akteure bekennen, um deren Anerkennung man sich bemühen muß«.[15] A. C. Grayling sagt, dass »eine Religion etwas ist, das per definitionem um den Glauben an die Existenz übernatürlicher Handlungsmächte oder Entitäten im Universum zentriert ist«.[16] Und Richard Dawkins erläutert die von ihm so genannte »Gotteshypothese« so: »Es gibt eine übermenschliche, übernatürliche Intelligenz, die das Universum und alles, was darin ist, einschließlich unserer selbst, absichtlich gestaltet und erschaffen hat.«[17] Sie alle charakterisieren die Religion im Prinzip in Begriffen einer übernatürlichen Handlungsmacht. Es ist richtig, dass keiner der drei behauptet, der religiöse Glaube erschöpfe sich in dem Glauben an eine übernatürliche Handlungsmacht. Aber indem sie diese Vorstellung derart in den Mittelpunkt ihrer Konzeptionen stellen, präsentieren sie ein aus meiner Sicht verzerrtes Bild religiöser Phänomene. Die Verzerrung kommt dadurch zustande, dass sie zum einen das Element der Praxis und der Gemeinschaft (oder, wie ich sagen werde, der Identifikation) ignorieren und zum anderen die metaphysische Seite des religiösen Glaubens auf eine Weise verstehen, die beides zugleich ist: zu raffiniert und zu simpel. Sie ist zu raffiniert, weil die Religiösen zur Ausübung ihres Glaubens gar nicht auf die klar konturierte Idee des Übernatürlichen angewiesen sind, die ihnen von den Philosophen und Naturwissenschaftlern unterstellt wird; und sie ist zu simpel, weil die Gottesvorstellung nicht bloß die Vorstellung von einem übernatürlichen Wesen ist, das die Welt erschaffen hat. So gesehen ist der bekannte Vorwurf, dass die Neuen Atheisten einer »fundamentalistischen« oder »schriftgläubigen« Konzeption des religiösen Glaubens anhängen, wahr. Oder wie es der Anthropologe Pascal Boyer ausdrückt:

> Wenn jemand sagt: »Religion ist der Glaube an eine Lehre, die uns zeigt, wie unsere Seele durch den Gehorsam gegen einen allwissenden und ewigen Schöpfer des Universums erlöst wird«, dann ist der Betreffende entweder nicht genug in der Welt herumgekommen oder er ist in seiner Lektüre nicht allzu weit fortgeschritten.[18]

An dieser Stelle ist eine Klarstellung angebracht: Wenn ich vom »raffinierteren Gehalt« des religiösen Glauben spreche, rede ich nicht darüber, was Theologen oder Philosophen denken. Bei den Ansichten, um die es mir hier und in Kapitel 2 geht, handelt es sich nicht um die ausgeklügelten Philosophien oder Theologien, die von Gelehrten über die Jahrhunderte entwickelt worden sind. Theologie ist eine Sache, Religion eine ganz andere. Ich versuche, und zwar von außen, die allgemeinsten Aspekte dessen zu beschreiben, was in irgendeiner Hinsicht als eine religiöse Weltsicht gilt. Aber diese Weltsicht ist die der Gläubigen selbst – sofern es überhaupt möglich ist, die Ansichten von Milliarden von Menschen über einen Kamm zu scheren. Erneut mag das wie eine übergroße oder absurde Aufgabe wirken, aber wir haben keine andere Wahl, als genau dies zu versuchen, wenn wir uns die schiere Möglichkeit vorbehalten wollen, etwas Allgemeines über »Religion« auszusagen.

Der wichtige Punkt ist dieser: Um eine Philosophie oder eine Weltsicht zu verstehen, reicht es nicht aus, einfach nur die Sätze oder Aussagen zusammenzutragen, die einige oder sogar alle, die ihr anhängen, unterschreiben. Man muss darüber hinaus ein Verständnis davon entwickeln, was für diese Sicht der Dinge von zentraler und was von nur randständiger Bedeutung ist. Dennett und Konsorten bugsieren die eine Idee einer übernatürlichen Handlungsmacht in den Mittelpunkt der religiösen Weltsicht. Ich werde in den nächsten beiden Kapiteln eine andere Art von Zentrum beschreiben.

Nachdem ich die Grundzüge von Religion, so wie ich sie sehe, dargelegt habe, möchte ich nun etwas über das Glauben selbst sagen. Philosophen verwenden das Wort »Glauben« beziehungsweise »Überzeugung« [*belief*], um sich auf jegliche Art von Festlegung zu beziehen, mit der zum Ausdruck gebracht wird, dass diese oder jene Aussage oder Behauptung für wahr gehalten wird. In diesem Sinn des Wortes zählt jede Meinung – wie gewichtig oder banal sie auch immer sein mag – als Glauben oder Überzeugung.

In philosophischen Diskussionen werden Ihre Ansichten über das Leben nach dem Tod oder den nächsten Präsidenten der Vereinigten Staaten, über die Milchpreise oder das Wetter von morgen allesamt gleichermaßen als »Überzeugungen« behandelt.

Was bedeutet es, in diesem Sinne an etwas zu glauben beziehungsweise von etwas überzeugt zu sein? Wir haben es hier mit einem psychologischen Zustand zu tun, einem Geisteszustand; aber es ist kein bewusster Zustand, denn niemand ist sich jemals all der Dinge bewusst, die er zu einem gegebenen Zeitpunkt glaubt. Vielmehr verhält es sich so, dass Menschen, wenn sie etwas glauben, sich das, woran sie glauben, zu Bewusstsein bringen, darüber nachdenken und es im Lichte der anderen Dinge, von denen sie überzeugt sind, betrachten können. Wenn jemand Sie beispielsweise fragt, wie wohl das Wetter morgen werden wird, dann können Sie überlegen, was Sie darüber denken, und Sie können darauf antworten (und sei es mit »keine Ahnung«). Das funktioniert bei anderen Ihrer Eigenschaften oder Attribute nicht. Denken Sie zum Beispiel an Ihr Körpergewicht: Sie können nicht herausfinden, was Sie im Augenblick wiegen, indem Sie einfach nur darüber nachdenken. Das andere psychologische Merkmal von Überzeugungen ist, dass sie unsere Handlungen steuern. Was wir tun, hängt zum Teil davon ab, was wir glauben, und zum Teil davon, was wir wollen. Wenn also jemand glaubt, dass es morgen kalt sein wird, und keine Lust hat zu frieren, wird er sich entsprechend verhalten: nicht vor die Tür gehen, warme Sachen anziehen usw.

Zu jedem Glauben, und das ist jetzt eine Binsenweisheit, gehört natürlich etwas, an das man glaubt. Man kann keine Überzeugung haben, ohne von etwas überzeugt zu sein, und das, wovon man überzeugt ist, nennt man den »Inhalt« der Überzeugung. Der Inhalt der Überzeugung, dass es morgen kalt sein wird, ist schlicht, dass *es morgen kalt sein wird*. Überzeugungen unterscheiden sich aufgrund ihrer unterschiedlichen Inhalte. Eine weitere Binsenweisheit lautet, dass der Inhalt einer Überzeugung wahr oder falsch sein kann: Er ist (in unserem Beispiel) wahr, wenn es morgen kalt sein wird, und falsch, wenn das nicht der Fall ist.

Wenn wir über die Wahrheit oder Falschheit einer Überzeugung reden, reden wir also in Wirklichkeit über die Wahrheit oder Falschheit ihres Inhalts. Übertragen auf unser einfaches Beispiel: Die Überzeugung, dass es morgen kalt sein wird, ist wahr, wenn ihr Inhalt wahr ist: wenn es wahr ist, dass es morgen kalt sein wird. Und sie ist falsch, wenn ihr Inhalt falsch ist. Einige Überzeugungen sind wahr (richtig), und einige sind falsch (nicht richtig), jedoch unabhängig davon, ob sie geglaubt werden. Etwas zu glauben heißt, es für wahr *zu halten*, und genau dies ist für den Glaubenden das Entscheidende. Man kann nicht gleichzeitig von etwas überzeugt und neutral mit Blick auf dessen Wahrheit sein – zu sagen »Ich glaube, es wird regnen, aber ich habe keine Meinung dazu, ob es wahr ist, dass es regnen wird« ist einigermaßen paradox. Philosophen drücken diesen Sachverhalt manchmal mit der Formulierung aus, eine Überzeugung *ziele auf Wahrheit ab*.

Der philosophischen Standardauffassung zufolge beinhaltet eine Überzeugung also die folgenden Elemente: Sie ist dem Bewusstsein zugänglich, mit dem Handeln verbunden und zielt auf Wahrheit ab. Außerhalb der Philosophie bezieht sich der Ausdruck »Überzeugung« allerdings häufig bloß auf Meinungen zu wichtigen Themen. Wenn Sie in einem nichtphilosophischen Kontext den Satz »Ich bin fest davon überzeugt, dass ich jetzt gerade Socken trage« äußern, dann werden sich die Leute vermutlich betreten von Ihnen abwenden. Wir gehen davon aus, dass Überzeugungen oder Glaubensinhalte normalerweise von etwas Wichtigem oder Wertvollem handeln, von etwas also, das von großer Bedeutung ist für das Leben und die Existenz im Ganzen – Politik, Ethik, Identität oder Religion. Daher der Titel dieses Buches.

Die philosophische Standardauffassung ist allerdings vollständig mit dem eben erwähnten Sachverhalt vereinbar. Überzeugungen im landläufigen Sinn sind solche, deren Inhalt von wichtigen Angelegenheiten handeln, die Ihr Leben im Ganzen betreffen, aber was eine Überzeugung zu einer *Überzeugung* macht, ist in allen Fällen das Gleiche. Insbesondere treffen die gerade genannten Elemente – Bewusstseinszugänglichkeit, Verbindung zum Handeln und Abzielen auf Wahrheit – allesamt auch auf religiöse Überzeugungen zu. Die Religiösen können sich das, was sie glauben, zu Bewusstsein bringen, ihre Überzeugungen leiten auf komplexe Weise ihr Handeln an, und es wäre verquer, davon auszugehen, dass jemand eine religiöse Überzeugung hat, aber keine Meinung darüber, ob ihr Inhalt auch wahr ist.

Wenn Philosophen über Überzeugungen sprechen, meinen sie also keineswegs etwas anderes; es ist lediglich so, dass sie in der Regel mit ziemlich schlichten, banalen Beispielen arbeiten, weil sie nicht möchten, dass die Beispiele vom eigentlichen Thema ablenken. Sie wollen sich auf die Überzeugung selbst – an sich – konzentrieren und nicht in Diskussionen über die interessanten Merkmale der Welt geraten, von denen einige Überzeugungen handeln.

Mein Ziel in diesem Buch ist ein anderes. Ich habe absolut nichts Neues über den mentalen Zustand des Überzeugtseins als solchen zu sagen. Mein Interesse gilt dem Inhalt des religiösen Glaubens. Daher müssen wir uns als Erstes dem Glauben an Gott und seinem Gegenteil, dem Atheismus, zuwenden. Auf den Inhalt des religiösen Glaubens werde ich in Kapitel 2 ausführlicher zu sprechen kommen.

Atheismus

Atheismus lässt sich ziemlich einfach definieren als der Nichtglaube an Gott oder als die Leugnung von Gottes Existenz. Den verschiedenen monotheistischen Religionen zufolge ist Gott ein transzendentes Wesen und nicht bloß eine weitere Entität in der gewöhnlichen, mundanen Welt. Aus der Leugnung des Transzendenten folgt also die Leugnung Gottes. Mein eigener Atheismus ist eine Konsequenz meiner Leugnung des Transzendenten. Ich glaube, dass die uns umgebende Welt, die wir erfahren, zusammen mit der unsichtbaren Welt, die von den Wissenschaften beschrieben wird, alles ist, was es gibt. Nichts transzendiert sie. Daraus folgt, dass ich ebenfalls glauben muss, dass Gott nicht existiert. (Es sei daran erinnert, dass ich die Bedeutung des religiösen Glaubens diskutiere, nicht dessen Wahrheit; daher werde ich keine Anstalten machen, den atheistischen Standpunkt zu verteidigen, sondern ihn lediglich beschreiben.)

Selbstverständlich ist es möglich, an dem Glauben ans Transzendente festzuhalten und die von den traditionellen monotheistischen Lehren angebotenen Konzeptionen Gottes abzulehnen – so wie es einige Spielarten der Mystik tun. Durkheim hat vor geraumer Zeit darauf hingewiesen, dass es »große Religionen [gibt], bei denen der Gedanke von Göttern und Geistern nicht vorkommt«,[19] und heutige Anthropologen stimmen dem zu. Die von mir in diesem Buch skizzierte Konzeption der Religion lässt sich meines Erachtens auch auf Religionen wie den Buddhismus und den Hinduismus anwenden, in denen es keinen oder nicht nur einen einzigen Gott gibt; aber ich werde mich im Folgenden auf diejenigen monotheistischen Religionen konzentrieren, von denen ich am meisten verstehe – und mich deshalb auch mit dem Atheismus beschäftigen.

Die Idee des Atheismus – die Behauptung, dass Gott nicht existiert – wird manchmal missverstanden und manchmal als etwas präsentiert, was sie nicht ist. Häufig wird sie vom Agnostizismus unterschieden, also der Auffassung, dass wir gegenwärtig, das heißt auf unserem aktuellen Wissensstand, die Frage, ob Gott existiert, nicht beantworten können. Der Atheismus ist diesbezüglich deutlich offensiver: Er behauptet, dass wir das durchaus können und dass die Antwort negativ ausfallen sollte. Vermutlich weil der Atheismus die Frage nach Gottes Existenz für geklärt hält, wird er gelegentlich als eine »arrogante« Position bezeichnet. Aber es ist rein gar nichts arrogant daran, ein Thema als erledigt zu betrachten, solange man zuvor alle einschlägigen Erkenntnisse, Argumente und Belege nach bestem Wissen und Gewissen in Betracht gezogen hat. »Arroganz« sollte man besser als Bezeichnung für eine bestimmte Qualität des Umgangs mit der eigenen Überzeugung verwenden – wie Sie danach handeln, wie Sie sie zum Ausdruck bringen, wie Sie mit Personen, die anderer Meinung sind, verfahren usw. – und nicht, um die Überzeugung selbst zu bewerten.

Atheismus und Agnostizismus unterscheiden sich grundlegend. Jedoch wartet weder die eine noch die andere Position mit irgendwelchen substanziellen Lehren darüber auf, wie die Welt beschaffen ist oder wie wir leben sollten. Einige Leute stört das: Sie nehmen Anstoß an dem Faktum, dass der so verstandene Atheismus eine negative Position ist. Eine einschlägige Sammlung von Aufsätzen atheistischer Philosophinnen und Philosophen wird damit beworben, dass sie den Atheismus als eine »zutiefst erfüllende und moralische Lebensform« empfiehlt und damit denen widerspricht, die meinen, er sei eine negative Lebensanschauung.[20] In seiner kurzen Einführung in den Atheismus beschäftigt sich Julian Baggini mit der Auffassung, der Atheismus sei bloß »parasitär zur Religion und von Haus aus negativ«. Er kommt zu Recht zu dem Ergebnis, dass sie auf einem Fehlschluss beruht, der dadurch zustande kommt, dass man der Etymologie des Wortes »Atheismus« zu viel Gewicht beimisst, und schlägt im Anschluss daran eine »positive« Version vor.[21] Ich für mein Teil kann allerdings nicht erkennen, was gegen negative Positionen als solche einzuwenden wäre; wenn ich dagegen bin, dass Menschen ohne Gerichtsverfahren eingesperrt und gefoltert werden, ist ebendiese meine Überzeugung im obigen Sinn negativ. Sie ist parasitär zur Existenz von Folter und willkürlichen Verhaftungen. Und selbst wenn die Folter vollständig vom Erdboden verschwunden wäre, wäre ebendieser Tatbestand »parasitär« zu ihrer vormaligen Existenz. Inwiefern kann dies ein Einwand gegen meine Überzeugung sein?

Freilich hat der Atheismus durchaus einen *gewissen* positiven Inhalt insofern, als er die Faktizität einiger zentraler religiöser Überzeugungen explizit anerkennt: Die Vorstellung, dass sie gegenüber etwas in der Welt rechenschaftspflichtig und letzten Endes daran zu bemessen sind, wie die Dinge wirklich sind, was tatsächlich geschehen ist. Im Christentum kommt dieser Sachverhalt wohl am stärksten zum Ausdruck, wie auch der Theologe David Bentley Hart unterstreicht: »Das Christentum ist die einzige der großen Glaubensrichtungen, die vollständig um eine einzige historische Behauptung herum aufgebaut wurde.«[22] Paulus hat es auf den Punkt gebracht: »Ist aber Christus nicht auferweckt worden, dann ist unsere Verkündigung leer, leer auch euer Glaube.«[23] Der christliche Glaube ist auf die Faktizität bestimmter realer Ereignisse verpflichtet – die Kreuzigung, die Auferstehung und so weiter –, ganz gleichgültig, wie diese Dinge im Detail abgelaufen sein mögen, und auf die Wirklichkeit des Transzendenten, wie mysteriös auch immer es sein mag. Der Atheismus erkennt das an, und eben hieraus ergibt sich sein positiver Gehalt: dass die Wirklichkeit anders beschaffen ist, als (zum Beispiel) das Christentum behauptet.

Abgesehen davon, dass sie die Existenz Gottes bestreiten: Welche Einstellungen zum Phänomen des religiösen Glaubens nehmen Atheisten noch ein? Einige atheistische Bewegungen entscheiden sich für die unnachgiebig aggressive Herangehensweise an das Phänomen, wie sie die Neuen Atheisten – Dawkins, Dennett, Grayling, Sam Harris und Christopher Hitchens – propagieren. Aus deren Sicht enthält die Religion kaum etwas von Wert: Sie ist irrational, ihre Lehren grenzen an Unsinn, und sie ist die Ursache vieler gravierender Probleme in der Welt.

Jedoch gehen nicht alle atheistisch gesinnten Intellektuellen der jüngeren Zeit in dieser feindseligen Weise an die Sache heran. Einige von ihnen sehen durchaus Wertvolles in Teilen der Religion, auch wenn sie die bestehenden organisierten Religionen oder bestimmte theologische Doktrinen ablehnen. In seinem Buch *Religion ohne Gott* charakterisiert Ronald Dworkin die Religion als eine »Weltsicht, die besagt, dass ein inhärenter, objektiver Wert alles durchdringt« und nicht eo ipso einen Glauben an Gott oder ans Transzendente einschließt.[24] In anderer Weise hat Alain de Botton für eine »Religion für Atheisten« argumentiert, die Einsichten des Christentums aufnehmen kann, um uns bei »Herausforderungen des Gemeinschaftslebens und seelischen und körperlichen Leids« zu helfen, indem sie neue Riten und Weisen des Zusammenseins bereitstellt.[25]

Gemessen an meiner eigenen Vorstellung von Religion schlagen diese Philosophen in Wirklichkeit gar keine »atheistische Religion« vor. Religion ohne Transzendenz ist keine Religion, und warum das so ist, werde ich in Kapitel 2 erklären. Was ihre Opposition gegen die Neuen Atheisten angeht, so bin ich zwar ganz auf der Seite dieser Denker, aber ich glaube einfach nicht, dass ein Atheist echten Trost in der Religion finden kann. Gewiss gibt es bewundernswerte Elemente in den religiösen Traditionen dieser Welt, aber es ist eine Sache, diesen oder jenen Aspekt einer Religion zu bewundern, eine ganz andere hingegen, den Versuch zu unternehmen, sich ihre Praktiken zu eigen zu machen, ohne an die entsprechenden Lehren zu glauben. Diesen »religiösen Atheisten« gehen gewöhnlich die beiden schon erwähnten und aus meiner Sicht wesentlichen Elemente des religiösen Glaubens ab: der von mir so genannte religiöse Impuls und das Element der Identifikation. Dieser Impuls ist grob gesagt der Glaube ans Transzendente, an »etwas, das alles das hier übersteigt«. Und das Element der Identifikation besteht in der Tatsache, dass Religionen mit Institutionen einhergehen, denen Gläubige angehören, und mit Praktiken, an denen sie mitwirken. Dworkins *Religion ohne Gott* enthält nichts davon, und de Bottons *Religion für Atheisten* unternimmt zwar den Versuch, eine Art von Identifikation ins Spiel zu bringen, findet aber keinen Platz für den religiösen Impuls.

Natürlich könnten wir das Wort »Religion« für überhaupt jede Weltanschauung oder jedes Glaubenssystem verwenden – und Sozialismus, Kommunismus, Ökologismus, Szientismus, Humanismus, Säkularismus und Atheismus allesamt zu »Religionen« erklären. Aber welchen Sinn hätte das? Auch wenn wir uns dazu entschlössen, den Anwendungsbereich des Wortes derart auszuweiten, bräuchten wir ja immer noch ein Wort für diejenigen Glaubenssysteme, welche die Realität des Transzendenten behaupten und von den Gläubigen das Praktizieren gewisser Riten als Ausdruck ihrer Zugehörigkeit verlangen. Es ist viel besser, das Wort »Religion« ganz traditionell auf ebensolche Glaubenssysteme anzuwenden, anstatt es in stipulativer und irreführender Weise zu überdehnen. Durch Neudefinitionen ist in Debatten wie dieser rein gar nichts gewonnen; der Versuch, ein echtes, real existierendes Phänomen wegzudefinieren, wird nur dazu führen, dass es sich an anderer Stelle mit Macht zurückmeldet.

Humanismus

Es dürfte einigermaßen unstrittig sein, dass der Inhalt des Atheismus durch die Religion bestimmt wird, denn was jener bestreitet, ist eine zentrale These vieler ihrer Spielarten:

dass eine transzendente Gottheit existiert. In ebendiesem Sinn ist der Atheismus also parasitär zur Religion. Ich kann nicht erkennen, wie (oder warum) es anders sein sollte.

Dennoch scheinen manche mehr vom Atheismus zu erwarten, etwas, das über die bloße Gottesleugnung hinausgeht. Dies scheint ein Motiv hinter dem zeitgenössischen Humanismus zu sein, einer atheistischen Bewegung, die in Großbritannien, in den Vereinigten Staaten und anderswo aktiv ist. Dawkins bezeichnet den Humanismus als »das ethische System, das sich häufig mit dem Atheismus verbindet«[26] und hält damit einen Unterschied zwischen den beiden Weltanschauungen fest. Humanisten sind solche Atheisten, die das Bedürfnis nach einer spezifischen moralischen Perspektive und mehr verspüren – vielleicht nach Zeremonien, Zusammenkünften oder einem Gefühl von Gemeinschaft. Der zeitgenössische Humanismus wurde in Reaktion auf den religiösen Glauben gebildet, um Atheisten so etwas wie ein System von Werten und von Praktiken zu geben, das die entsprechenden religiösen Systeme zu ersetzen vermag. Also gibt es mittlerweile beispielsweise humanistische Namensgebungs-, Bestattungs- und Hochzeitszeremonien. Die Humanisten möchten Strukturen des Glaubens, des Ritus und der Praxis schaffen, die eine ähnliche Rolle spielen wie ihre religiösen Pendants.

Das erste »humanistische Manifest«, das 1933 in den Vereinigten Staaten veröffentlicht wurde, präsentiert den Humanismus als eine neue »Religion«.[27] Und tatsächlich erinnern besonders die sonntäglichen Zusammenkünfte der ethischen Gesellschaften in ungeheizten, kargen Räumen, die methodistischen Kapellen oder abgespeckten Versionen von Gotteshäusern der Christian Science (Kirche Christi, Wissenschafter) gleichen, genau daran. Tatsächlich wurden einige humanistische Gruppen im Großbritannien des 19. Jahrhunderts als »Ethical Societies« von dissidenten Christen initiiert.[28] Unbestreitbar kann vieles von dem, was als atheistischer Humanismus durchgeht, von außen wie eine Art liberaler Nonkonformismus wirken, nur ohne die Hymnen. Und ebenso wie das Christentum seine Heiligenfeste und Namenstage hat, haben sich einige prominente Humanisten in den USA und Großbritannien (darunter Dennett, Dawkins und der britische Biologe Stephen Rose) öffentlich dafür eingesetzt, Charles Darwins Geburtstag zum landesweiten Feiertag zu machen. Solche Dinge verstärkten nach Ansicht von Kritikern des Humanismus den Eindruck, es handle sich bei diesem selbst um eine Religion. So behauptet etwa John Gray: »Der zeitgenössische Humanismus ist eine Religion, dem es im Gegensatz zu den traditionellen Glaubensrichtungen an der Einsicht in die Schwachheit des Menschen gebricht.«[29]

Den Humanismus als eine Religion zu bezeichnen ist aber völlig falsch. Nicht alle sozialen Bewegungen – noch nicht einmal diejenigen, die ihre Treffen an Sonntagen abhalten – sind Religionen, und nicht jeder Moralkodex ist ein religiöser. Wie ich schon sagte: Solange wir die Bedeutung des Wortes nicht jenseits aller Zweckmäßigkeit ausdehnen, sollten wir darauf bestehen, dass zu einer Religion die Festlegung aufs Transzendente gehört, was im Fall des westlichen Monotheismus bedeutet: der Glaube an Gott. Ohne das Transzendente keine Religion. Im nächsten Kapitel werde ich etwas genauer ausführen, worauf das tatsächlich hinausläuft.

Dessen ungeachtet ist es eine markante Tatsache, dass viele Atheisten das Bedürfnis verspüren, Teil einer Bewegung zu sein und Rituale zu ersinnen, um die wichtigen

Momente im Leben – Geburt, Heirat und Tod – zu begehen. Aus Sicht vieler Atheisten hinterlässt die nicht mehr vorhandene Religion Lücken, die mit etwas anderem gefüllt werden müssen, weshalb die Etablierung einer Bewegung zu einem zentralen Anliegen wird. Ein bezeichnendes und (in meinen Augen) bizarres Beispiel hierfür ist die Bewegung der Brights, die 2003 in den USA von einer Gruppe von Leuten ins Leben gerufen wurde, die mit dem negativen Beiklang von Wörtern wie »Atheist« und »gottlos« unzufrieden waren. Gegenwärtig gibt es mehr als 58 000 Brights in mehr als 200 Ländern rund um den Globus, die sich in lokalen Gruppen oder BBCs (Brights Community Clusters) organisieren und zu deren prominenten Unterstützern unter anderem Dawkins und Dennett zählen. In einem 2003 erschienenen Artikel verglich Dawkins die Wahl des Ausdrucks »Bright« mit der Einführung des Ausdrucks »gay« für »homosexuell«:

Gay ist prägnant, erhebend, positiv: Es ist ein *up*-Wort, wohingegen »Homosexueller« ein *down*-Wort ist, und Queer, Tunte und Schwuchtel Beleidigungen sind. Wir, die wir uns keiner Religion verschreiben, wir, deren Sicht auf das Universum eine natürliche und keine übernatürliche ist, wir, die wir uns an dem Realen erfreuen und den falschen Trost des Irrealen verachten – wir brauchen ein eigenes Wort, ein Wort wie *gay*.[30]

Das menschliche Bedürfnis, irgendwo dazuzugehören, ist überaus wichtig, und ich werde es in Kapitel 3 weiter untersuchen. Ungeachtet der Fürsprache vonseiten Dawkins' und anderer ist es aber klarerweise nicht der Fall, dass man einer »ethischen Vereinigung« oder einem lokalen Netzwerk der Brights angehören muss, um Humanist zu sein. Es ist noch nicht einmal nötig, dass alle Humanisten exakt an dieselben Dinge glauben. Der humanistische Philosoph

Richard Norman schreibt: »[E]s gibt kein humanistisches Credo, kein Set von Überzeugungen, die jede Humanistin unterschreiben können muss. Der Humanismus ist kein Dogma und auch keine Sekte.«[31]

Das wirft natürlich die Frage auf, was für den Humanismus wesentlich ist und ob Atheisten gehalten sind, sich als Humanisten zu verstehen. (Da ich mich selbst als Atheisten betrachte, der kein Humanist ist, gehe ich davon aus, dass Atheismus und Humanismus nicht dasselbe sind.) »Humanismus« hat im Laufe der Jahrhunderte allerlei bedeutet. Der Humanismus der Renaissance, der vom 14. bis zum 16. Jahrhundert in Italien und anderswo blühte, war eine Philosophie, die gegen die Vorherrschaft der verstaubten und abgehobenen Scholastik – der mittelalterlichen Universitäten von Paris, Padua, Rom, Oxford usf. – aufbegehrte und sich die Wiederentdeckung des »Menschen« auf die Fahnen schrieb. Der heutige Humanismus hat mit dieser Tradition wenig zu tun, zumal der Renaissancehumanismus nicht atheistisch war. Der zeitgenössische atheistische Humanismus in England hat ebenfalls eine bemerkenswerte Geschichte, die bis ins 19. Jahrhundert zurückreicht, als seine Pioniere viele der progressiven Ideen der religiösen Sozialreformer teilten. Es gibt zahlreiche Berührungspunkte zwischen diesen humanistischen Bewegungen und den liberalen Idealen von britischen Autoren wie John Stuart Mill und Jeremy Bentham.

Die atheistische humanistische Tradition legt großes Gewicht auf die Bedeutung des Menschen, was bei einer Lehre, die sich »Humanismus« nennt, nicht sonderlich überrascht. Wie die Internationale Humanistische und Ethische Union in ihrem *Minimum Statement of Humanism* schreibt:

Der Humanismus ist eine demokratische und ethische Lebenseinstellung, welche die Ansicht vertritt, dass Menschen das Recht und die Verantwortung haben, ihrem eigenen Leben Sinn und Form zu geben. Er steht für den Aufbau einer menschlicheren Gesellschaft durch eine Ethik, die auf menschlichen und anderen natürlichen Werten im Geiste der Vernunft und der freien Meinungsbildung durch menschliche Fähigkeiten basiert. Er ist nicht theistisch und akzeptiert keine übernatürlichen Sichtweisen auf die Realität.[32]

In ähnlicher Weise betont auch Norman die Wichtigkeit des Menschen:

> Wir besitzen die spezifisch menschlichen Fähigkeiten zu rationalem Denken und Handeln, und wir sollten sie so gut wir können nutzen, und zwar zusammen mit unseren ebenso menschlichen Fähigkeiten zu Liebe und Mitgefühl, um jener Grausamkeit und jener Unmenschlichkeit zu widerstehen, die die Konzentrationslager hervorgebracht hat.[33]

Norman appelliert an den Gebrauch von spezifisch menschlichen Fähigkeiten, um die Übel der Zivilisation zu beseitigen, und viele Humanisten verteidigen die Vorstellung, dass der Mensch in einer bestimmten Hinsicht die letztendliche Quelle von Werten in der Welt ist. Das ist eine durchaus attraktive (wenn auch nicht unstrittige) Idee, die es klarerweise wert ist, ernstgenommen zu werden. Aber sollte der Atheist sie sich zu eigen machen?

Gray überschüttet diejenigen mit Spott, die vom Wert spezifisch menschlicher Fähigkeiten reden: »Sobald man die These, dass Menschen sich grundlegend von den anderen Tieren unterscheiden, von ihren theologischen Wurzeln abschneidet, ist sie nicht nur unhaltbar, sondern im Grunde unverständlich.«[34] Das allerdings scheint mir wirklich nicht zu stimmen, denn man kann ja viele wahre und wichtige Dinge über die spezifische Natur menschlicher Wesen sagen, die rein gar nichts mit den theologischen Wurzeln dieser Vorstellung zu tun haben. Eine Gruppe führender Ethologen hat dies sehr schön zum Ausdruck gebracht:

> Menschliche Tiere – und nur diese – machen Feuer und bauen Räder, diagnostizieren Krankheiten, kommunizieren unter Verwendung von Symbolen, navigieren mithilfe von Karten, setzen ihr Leben aufs Spiel für Ideale, kooperieren miteinander, erklären die Welt in Begriffen hypothetischer Ursachen, bestrafen Fremde für das Brechen von Regeln, denken sich unmögliche Szenarien aus und lehren sich gegenseitig, all diese Dinge zu tun.[35]

Angesichts dieser Faktenlage ist es müßig, sich an die Behauptung zu klammern, es gebe nichts für Menschen Spezifisches, nur weil ein paar (mehr oder weniger) ähnliche Dinge auch von nichtmenschlichen Tieren getan werden können.

Menschen schreiben charakteristischerweise Dingen – Handlungen, Praktiken und Objekten – Wert zu. Das heißt aber nicht, dass der Mensch die einzige *Quelle* ist, aus der Werte geschöpft werden können, und das gilt selbst dann, wenn wir das Transzendente diesbezüglich schon aussortiert haben. Außer Gott und Mensch mag es noch andere Wertquellen geben. Denken wir beispielsweise an den Utilitarismus, wie er von Mill und Bentham erfunden wurde: die Lehre, dass die Grundlage der Moral im »größten Glück der größten Zahl« besteht. Wenn wir (wie einige Utilitaristen) Glück als eine Sache der Empfindung verstehen (als das Empfinden von Lust und die Abwesenheit von Schmerz), dann ist die Menge an Glück in der Welt nicht auf die Menge an menschlichem Glück beschränkt; vielmehr kommen reichlich Lust und Schmerz hinzu, die von Tieren empfunden werden. Denken wir das Fundament der Moral in dieser Weise, so wäre es nach Meinung einiger Utilitaristen, etwa Peter Singer, anstößig und nicht zu rechtfertigen, nichtmenschliche Tiere (genauer solche, die Schmerz empfinden können) anders zu behandeln als menschliche. Dies entspricht natürlich genau der Auffassung Benthams und seiner berühmten Frage mit Blick auf die Tiere, »die ja nicht [ist], ob sie *denken* können, und auch nicht, ob sie *reden* können. Die Frage ist: können sie *leiden*?«[36]

Eine zweite Strategie, um die Vorstellung, jedweder Wert sei menschlichen Ursprungs, zurückzuweisen, bedient sich der schon erwähnten Idee Dworkins, wonach ein »inhärenter, objektiver Wert alles durchdringt«, in Verbindung mit seiner Auffassung, dass objektive Werte nicht menschenabhängig sind. Schließlich lässt sich die These vom Menschen als einziger Wertquelle noch auf eine eher extreme Weise zurückweisen – indem man leugnet, dass es überhaupt Werte gibt. Diese nihilistische Sicht der Dinge ist gewiss die unattraktivste, sie ist aber mit dem Atheismus vereinbar und veranschaulicht daher meinen grundsätzlichen Punkt: dass der Atheismus als solcher ohne die Idee, alle Werte gingen vom Menschen aus, auskommt.

Die Ansicht, die Menschheit sei die Quelle aller Werte, ist zwar interessant und durchaus diskussionswürdig, aber keine, die der Atheismus – die Leugnung einer transzendenten Gottheit – teilen muss. Wenn es stimmt, dass sie fester Bestandteil des Humanismus ist, so müssen Atheisten keine Humanisten sein. Der Atheismus, verstanden als bloß faktenbezogene, negative These, impliziert keine spezielle Auffassung über das Wesen der Moral, wohingegen der Humanismus, insofern er den Menschen zur alleinigen Quelle der Moral erhebt, mehr will.

Ich werde mich von daher in diesem Buch nicht weiter mit humanistischen Behauptungen beschäftigen, sondern stattdessen versuchen, in die Debatte zwischen den Neuen Atheisten und den Gläubigen einzutreten. Abgesehen von dem rauen Ton, der in dieser Debatte herrscht, sticht vor allem ihre Stagnation ins Auge. Die Neuen Atheisten ziehen ein Argument nach dem anderen gegen die Religion aus dem Hut, und die Religiösen lässt das ebenso kalt wie die Neuen Atheisten jedwede Verteidigung der Religion. In Wahrheit haben wir gar keine echte Debatte, sondern lediglich Leute, die aneinander vorbeireden oder sich anschreien.

Dass so viele hochintelligente und gebildete Menschen nicht in der Lage sind, mit ihren Argumenten bei der Gegenseite etwas zu bewirken, sollte uns zu einer Denkpause veranlassen. Warum haben die atheistischen Argumente, von denen viele plausibel und manche unwiderleglich sind, so gut wie keinen Effekt auf die Anhänger von Religionen? Warum setzen sich die Neuen Atheisten nur selten direkt mit religiösen Denkern und ihren Ansichten auseinander? Und warum behaupten die wortgewandteren unter den religiösen Denkern, die Neuen Atheisten würden einfach das Thema verfehlen?

Der Beantwortung dieser Fragen sind die folgenden Kapitel gewidmet. Viele Einwände sind gegen die Neuen Atheisten vorgebracht worden: dass sie »schrill« sind, respektlos, aggressiv, ja sogar ihrerseits quasireligiös beziehungsweise »fundamentalistisch«. An einigen (oder allen) dieser Anwürfe mag etwas Wahres dran sein, mein Einwand gegen sie ist jedoch ein ganz anderer. Ich behaupte, dass die Konzeption von Religion, mit der die Neuen Atheisten arbeiten, unangemessen ist und dass darin der Hauptgrund liegt, warum sie mit ihrer Kritik bei denjenigen, denen sie gilt, auf taube Ohren stoßen: In dem von ihnen gezeichneten Bild der Religion finden sich die meisten Gläubigen einfach nicht wieder. Das ist auch der Grund, warum es keine Debatte gibt: Wenn man eine echte Diskussion über Religion will, muss man das Phänomen, um das es geht, akkurat darstellen. Darum wird es nun, in den Kapiteln 2 und 3, gehen.

2. Der religiöse Impuls

Die unsichtbare Ordnung

William James sagt: »Würde man gebeten, das religiöse Leben in den denkbar weitesten und allgemeinsten Begriffen zu charakterisieren, so könnte man sagen, es bestehe in der Überzeugung, daß es eine unsichtbare Ordnung gibt und daß unser höchstes Gut in einer harmonischen Anpassung an diese liegt.«[1] Es ist diese Überzeugung, die ich fortan als den religiösen Impuls bezeichne, und ein zentrales Thema dieses Buches, dass James teilweise recht hat: Der religiöse Impuls ist einer von *zwei* wesentlichen Bestandteilen des religiösen Glaubens, und ich werde ihn in diesem Kapitel genauer untersuchen. Den anderen wesentlichen Bestandteil – das Element der Identifikation – behandle ich in Kapitel 3.

In James' Bemerkungen stecken zwei Ideen: dass es eine unsichtbare Ordnung gibt und dass das Gute darin besteht, in Einklang mit dieser Ordnung zu leben. Die Idee von der unsichtbaren Ordnung besagt nicht einfach, dass die Wirklichkeit sich über das Sichtbare hinaus erstreckt, was ohnehin Konsens sein sollte. Die Naturwissenschaften postulieren unsichtbare Strukturen – Atome, Elektronen, Quarks, Kräfte und dergleichen –, um die sichtbaren Phänomene zu erklären. In gewisser Hinsicht bilden jene unsichtbaren Dinge auch eine Ordnung, nämlich die von den Naturgesetzen regierte (wie auch immer diese genau aussehen mögen).

Bei James' unsichtbarer Ordnung handelt es sich aber um etwas anderes. Die Ordnung, von der die Physiker reden, ist eine im Kontrast zu Zufälligkeit beziehungsweise Chaos, wohingegen die Ordnung, die im Fokus des religiösen Impulses steht, eine normative ist: die Ordnung, wie Dinge sein *sollten*. Ordnung in der Welt der Natur ist eine Sache von Regularitäten: Objekte fallen nach unten aufgrund der Gravitationskraft, Natrium explodiert bei Kontakt mit Wasser, weil das Wasserstoff produziert, der sich entzündet, ein geschälter Apfel wird braun wegen eines Enzyms, das oxidiert. Die andere Art von Ordnung hat nichts mit dem regulären Verhalten von Dingen zu tun, sondern damit, dass sie sich verhalten, wie sie sich verhalten sollten (es geht sozusagen um Ordnung im Sinne von »Recht und Ordnung«).

Die Unterscheidung dazwischen, wie die Dinge in der Regel sind und wie sie sein sollten, ist die zwischen dem »Normalen« und dem »Normativen«. Normalität und Normativität sind sehr verschiedene Konzepte. Während Normalität einfach eine Sache der Regularität ist, geht es bei der Normativität darum, einem Standard oder einem Ideal zu entsprechen. Beispielsweise besteht die Normativität der Moral in der Orientierung an einem moralischen Ideal – dem Ideal, das Richtige zu tun. Und die Normativität der Rationalität besteht in der Orientierung an einem intellektuellen Ideal – dem Ideal, vernünftig zu sein. Herunterfallende Objekte orientieren sich nicht in diesem Sinne an Newtons allgemeinem Gravitationsgesetz, denn das Gesetz liefert eine Beschreibung dessen, was normalerweise geschieht, und keine Vorschrift, was passieren sollte.

Welches normative Ideal beinhaltet der religiöse Impuls? Oder: Was ist das »religiöse Ideal«? Bezogen auf konkrete Religionen, ist das vermutlich die schwierigste der abstrakten Fragen, die sich in unserem Zusammenhang stellen. Eine sehr allgemeine Antwort in groben Umrissen zu geben ist allerdings kein sonderliches Problem, jedenfalls nicht für diejenigen, die gründlich über das Wesen der Religion nachgedacht haben: Das religiöse Ideal ist das Ideal, ein Leben nach Gottes Willen zu leben – oder nach dem Willen Allahs oder entsprechend den Vorschriften jener Gesetze, die als Verkörperung göttlichen Willens gelten. Das, was James mit »harmonischer Anpassung« meint, meinen Christen, wenn sie sagen, dass sie in Übereinstimmung mit dem Willen Gottes leben möchten. Die Harmonie stellt sich ein, wenn man in Einklang damit lebt, wie die Dinge sein sollten. Kompliziert wird es, wenn wir angeben wollen, was genau das heißt.

Ein weitverbreiteter Ausdruck des religiösen Impulses besteht in dem vertrauten Gedanken, dass *dies doch nicht alles sein kann, was es gibt; dass es mehr zwischen Himmel und Erden geben muss, als bloß dies.* Was liegt diesem Gedanken zugrunde? Nun, jedenfalls nicht die Vorstellung, dass unser Wissen von der Welt als ganzer unvollständig ist. Es handelt sich nicht um einen Ausdruck der Frustration angesichts unserer Unkenntnis; und auch nicht einfach um das Gefühl, es wäre besser, wenn es mehr gäbe (mehr Zeit, mehr Raum, mehr Galaxien…), als es tatsächlich gibt. Simon Blackburn schreibt den Gläubigen die Auffassung zu, dass sie mehr vom Gleichen wünschen, mehr von *diesem*:

> Ich bedauere Menschen, die keinerlei Sinn oder Zweck in ihrem Leben finden können, aber meiner festen Überzeugung nach lässt sich dieses Problem nicht dadurch lösen, dass man immer weiter und weiter und ewig lebt; im Gegenteil würde das die Lage vermutlich nur verschlimmern. Für Schopenhauer rangierte Langeweile gleich an zweiter Stelle der zu vermeidenden Übel, direkt hinter echtem körperlichen Schmerz. Ich finde es sehr merkwürdig, dass Menschen, die kaum in der Lage sind, sonntags in der Kirche eine Stunde Singen, Beten und Lobpreisen durchzustehen, es sich vorstellen können, bis in alle Ewigkeit nichts anderes zu tun und auf diese Weise glückselig zu werden. Ihre Vorstellungskraft muss doch sehr begrenzt sein.[2]

Aus meiner Sicht der Dinge geht diese Bemerkung an der Sache vorbei. Der religiöse Wunsch würde nicht dadurch erfüllt, dass wir bloß länger oder sogar ewig leben und dabei unser irdisches Leben exakt so weiterführen wie bisher (einschließlich des Betens und der Gottesdienstbesuche). Es mag jemanden geben, der ein religiöses Bedürfnis in solche Worte kleidet, aber das beschreibt nicht den vertrauten Gedanken, um den es mir hier geht. Im Übrigen hat in Wahrheit niemand eine Idee, was es hieße, auf immer und ewig so weiterzuleben wie bisher; man kann es sich eigentlich nicht kohärent und buchstäblich wünschen oder danach verlangen. Der vertraute Gedanke, um den es hier geht, besagt vielmehr, dass die gewöhnliche Welt, wie wir sie tagtäglich erfahren, plus die Welt, die wir mithilfe der Wissenschaften erforschen, irgendeinen Sinn oder Zweck haben muss, etwas, das möglicherweise nicht für jeden wahrnehmbar ist. Ein Tag folgt auf den anderen, die eine Generation kommt, die andere geht. Wenn das alles wäre, dann wäre die Welt ein bedeutungsloser Ort. Der religiöse

Impuls beinhaltet die Auffassung, dass die Welt kein bedeutungsloser Ort ist. Deshalb kann dies nicht alles sein, was es gibt.

Religion versucht, der Welt einen Sinn abzugewinnen, indem sie eine Art von Bedeutung oder Wertigkeit in Dingen sieht. Diese Wertigkeit benötigt keine Gesetze oder Verallgemeinerungen, sondern nur das sichere Gefühl, dass die alltägliche Welt unserer Erfahrung nicht alles ist, was es gibt, und dass hinter allem das Geheimnis von Gottes Präsenz beziehungsweise abstrakter: die unsichtbare Ordnung steht. Die Gläubigen sind davon überzeugt, dass Gott in allem gegenwärtig ist und dass die göttliche Präsenz es ihnen ermöglicht, sich einen Reim auf ihr Leben zu machen, indem sie es mit Bedeutung flutet. In George Herberts Gedicht »The Elixir« kommt das sehr schön zum Ausdruck: »Who sweeps a room as for Thy laws / Makes that and th' action fine.«[3] Ausgestattet mit dem religiösen Impuls, kann selbst die kümmerlichste Tätigkeit einen Wert bekommen.

Das Gefühl von der Bedeutungslosigkeit der Welt, dem sich der religiöse Impuls entgegenstellt, ist eine der wirkmächtigsten Ideen der Moderne. Max Weber sprach diesbezüglich von der »Entzauberung der Welt« – ein Ausdruck, der Furore machte.[4] Über den Ursprung dieser Konzeption herrscht Uneinigkeit: Für die einen wurzelt sie in der Aufklärung, andere führen sie auf Nikolaus Kopernikus zurück oder bringen sie mit dem Beginn der modernen Wissenschaft im 17. Jahrhundert in Verbindung; für wieder andere spiegeln sich darin die Lehren von Charles Darwin, Karl Marx und Sigmund Freud. Mit Sicherheit sind hier viele verschiedene Ideen im Spiel, und es ist nicht meine Absicht, sie zu sortieren, zumal es mir auf das ankommt, was ihnen allen gemeinsam ist: die Zurückweisung der Vorstellung, dass es eine unsichtbare Ordnung gibt und unser höchstes Gut darin besteht, im Einklang mit dieser Ordnung zu leben. Der entzauberte Blick auf die Welt erkennt keine Ordnung außer jener der Naturgesetze. Daher benötigt er eine andere Theorie über unser höchstes Gut – falls es ein solches überhaupt gibt.

Es gibt zwei populäre atheistische Reaktionen auf die scheinbare Entzauberung der Welt: die des Pessimisten und die des Optimisten, wie ich sie nenne. Der Pessimist akzeptiert, dass die Welt per se durch und durch entzaubert ist, meint aber außerdem, wir sollten versuchen, das Beste daraus zu machen. Der Pessimist räumt ein, dass der religiös Gläubige in einer bestimmten Hinsicht recht hat: Wenn Gott nicht existiert beziehungsweise wenn es keine unsichtbare Ordnung gibt, dann ist die Welt im Grunde genommen bedeutungslos. Es gibt dann nämlich keinen ultimativen Zweck in dieser »sorglos sich räkelnden, eingespielten Welt« (Philip Larkin), und jedweder Sinn, jedwede Bedeutung in ihr muss von uns geschaffen werden.[5] Dies wird allerdings niemals für eine »Wiederverzauberung« reichen, denn – um es in der Begrifflichkeit zu formulieren, die ich in Kapitel 1 eingeführt habe – wir können bestenfalls einen Sinn *im* Leben finden, nicht aber den Sinn *des* Lebens.

Die Reaktion des Optimisten besteht darin, infrage zu stellen, dass die Welt tatsächlich entzaubert ist, und zwar eventuell aufgrund der Annahme, es habe ohnehin nie eine im religiösen Sinn »verzauberte« Welt gegeben; vielmehr handele es sich dabei um eine Art Mythos oder Konfusion oder ein Ding der Unmöglichkeit. Wenn wir dem Optimisten zufolge auszubuchstabieren versuchen, was verzaubert zu sein wirklich heißt, würden wir erkennen, dass unsere alltäglichen Leben ebenso verzaubert sein können wie alles, was die Religiösen anzubieten haben, ja, es kann sich sogar herausstellen, dass sie dies in einer deutlich authentischeren Hinsicht sind. Der Optimist sagt, des Gläubigen Begriff von Verzauberung sei zutiefst verworren; so etwas könne es nicht geben. Daher empfiehlt er, überhaupt nicht von Verzauberung zu reden – was auch problemlos möglich sei, weil ja alles, was der Pessimist und der Religiöse an der Verzauberung schätzen, in der modernen säkularen Welt erlangt werden könne.

Auch wenn Pessimisten und Optimisten denjenigen, die auf der Suche nach Verzauberung sind, womöglich dieselben Ratschläge geben – suche nach Wert in deinen Beziehungen, gib deinem Leben Sinn durch deine Kinder und deine Projekte, durch deine guten Werke und Taten, durch Wissen, Kunst usf. –, sind ihre Ansichten doch grundverschieden. Der Pessimist erkennt die ultimative Bedeutungslosigkeit und Entzauberung der Welt ohne eine unsichtbare Ordnung vollumfänglich an. Der Optimist hingegen weist diejenigen Voraussetzungen zurück, die zur Entzauberung führen.

Dieser Punkt ist wichtig, denn eigentlich nehmen nur die Pessimisten den religiösen Impuls ernst. Indem sie anerkennen, dass die Welt entzaubert ist, erkennen sie zugleich an, dass die Idee der Verzauberung verständlich ist: Man kann nichts bestreiten, was keinen Sinn ergibt, sondern lediglich einen ganzen Sprachgebrauch zurückweisen, der diesen angeblichen Unsinn verkörpert. Der Pessimist sagt, dass das, woran die religiösen Leute glauben, nicht wirklich wahr ist, auf unsere Welt nicht zutrifft: Unsere Welt ist nicht verzaubert, auch wenn sie es in einer gewissen Hinsicht gewesen sein könnte. Und wenn Verzauberung etwas Verstehbares ist, dann gilt das auch für den religiösen Impuls. Der Optimist neigt hingegen dazu, die Idee der Verzauberung als eine inkohärente Fantasie abzutun – und mit ihr den religiösen Impuls als solchen.

Betrachten wir die folgenden beiden atheistischen Herangehensweisen zum Thema Religion und Moral, um uns diesen Kontrast anschaulich zu machen. Der Pessimist räumt ein, dass Moralität in einer Weise Sinn ergeben würde, in der sie es derzeit nicht tut, falls Gott existierte; aber weil Gott eben nicht existiert, müssen wir die Moral auf eine andere Weise verstehen. Der Optimist ist der Auffassung, dass sich an der Sinnhaftigkeit der Moral rein gar nichts ändern würde, falls Gott existierte – vielleicht weil Moral (beispielsweise) nicht in Begriffen des Sichunterwerfens unter die Befehlsgewalt eines anderen Wesens gerechtfertigt werden kann. Demzufolge ergibt Moral mit Gott im Grunde keinen Sinn; die Herausforderung, zu verstehen, was Moral ist, besteht nicht darin, sie in einer gottlosen Welt zu verstehen. Es geht vielmehr darum, sie *tout court* zu verstehen.

Eine weitere Veranschaulichung des Gegensatzes bietet der Fall der christlichen Kunst. Viele Atheisten geben gerne zu, dass einige unserer größten Kunstwerke religiös sind, und zwar sowohl in ihrem Inhalt als auch in dem, was sie inspiriert hat. Es gibt unzählige Publikationen zu diesem Thema, so dass es fast unnötig ist, die einschlägigen Beispiele aufzulisten (Bachs *Matthäuspassion*, Michelangelos Fresken in der Sixtinischen Kapelle, die herrlichen Kathedralen Europas usw.). Eine Frage in Zusammenhang mit der religiösen Kunst lautet, ob der Wert des Kunstwerks – oder der Wert der Erfahrung, die es ermöglicht – größer sein würde, wenn die religiöse Vision, die es inspiriert hat, wahr wäre. Pessimistische Atheisten bejahen dies, die optimistischen verneinen; ja, Letztere könnten an dieser Stelle argumentieren, ihre Erfahrung religiöser Kunst zeige gerade, dass Bedeutung und Stellenwert eines Kunstwerks nicht von der Wahrheit extrinsischer Vorstellungen abhängen; das Werk kann sozusagen vollkommen autark sein.

Im Allgemeinen erkennt der Pessimist an, dass die Welt irgendeine signifikante Bedeutung hätte, wenn Gott existierte; der Optimist hingegen weist sogar die *Möglichkeit*, dass Gottes Existenz der Welt Bedeutung verleihen würde, zurück. Jedweder Sinn, den es geben könnte, ist derjenige, den eine Welt ohne Gott hat. Kenneth Taylor fasst die Sichtweise des Optimisten sehr gut zusammen:

> Weder die Ansicht, der Glaube an göttliche Vorsehung schütze zuverlässig vor Verzweiflung, hat viel für sich, noch die, der zufolge der die Vorsehung leugnende Atheist sich deswegen einer lähmenden Verzweiflung überlassen müsse.[6]

Dessen ungeachtet ist der religiöse Impuls sowohl den pessimistischen als auch den optimistischen Reaktionen zufolge eine Fehldarstellung der Fakten über die Bedeutungslosigkeit der Welt. Larkin beschrieb die Religion einst als einen »riesigen, von Mottenfraß durchlöcherten Brokat / aus dem der Seele ewiges Leben winken sollte«.[7] Die Behauptung, Religion sei eine Form der Vorspiegelung oder Täuschung (des Selbst oder sonst wie), ist auch unter den Neuen Atheisten verbreitet; sie werfen den Religiösen vor, sich nicht mit dem Tod beziehungsweise der unausweichlichen Kontingenz von allem abzufinden. Die Pessimisten würden dazu vielleicht anmerken, dass hier eben ein Irrtum bezogen auf den Umfang der Wirklichkeit vorliegt oder dass ihre Religion nicht auf dem neuesten Wissensstand ist beziehungsweise es ihr an Weitblick fehlt, während die Optimisten sehr wahrscheinlich eine tiefgreifende Verwirrung attestieren würden.

Ich bin ein pessimistischer Atheist. Ich glaube, dass der religiöse Impuls intelligibel ist, stimme aber Thomas Nagel zu, der sagt: »[D]as Universum, wie Chemie und Physik es uns erschließen, so wunderschön und ehrfurchtgebietend es auch sein mag, ist bedeutungslos in dem strengen Sinn, dass ihm Bedeutung vollständig abgeht.«[8] Weber selbst war etwas vorsichtiger: »Denn das versteht sich ja doch nicht so von selbst, daß etwas, das einem solchen Gesetz unterstellt ist, Sinn und Verstand in sich selbst hat.«[9] Ich für mein Teil denke weder, dass es sich um eine Konfusion handelt, wenn man meint, ein bedeutungsvolles Leben sei eines, in dem man sich mit einer unsichtbaren Ordnung in Verbindung bringt, noch glaube ich, dass dabei irgendeine Form von fundamentaler Selbsttäuschung im Spiel sein muss. Vielmehr halte ich dies ganz klar für eine nachvollziehbare menschliche Reaktion auf das Geheimnis der Welt und des Lebens, die im Übrigen in menschlichen Gesellschaften über weite Strecken gang und gäbe war.

Manche halten den religiösen Impuls oder etwas in der Art für ein weitverbreitetes Merkmal menschlicher Wesen, weil er Teil von deren Psychologie ist, also wissenschaftlich erforscht werden kann. Einige Kognitionswissenschaftler behandeln den religiösen Glauben als etwas, was sich ganz selbstverständlich aus der Funktionsweise des kognitiven Systems des Menschen ergibt. Gelegentlich verwenden sie den Ausdruck »kontraintuitive Überzeugungen«, um die spezifisch religiösen Outputs unseres Überzeugungssystems zu charakterisieren.[10]

Meines Erachtens ist die Gleichsetzung des religiösen Glaubens mit dem Besitz kontraintuitiver Überzeugungen aber eine Vereinfachung in mindestens zwei Hinsichten. Insofern angenommen wird, dass diese kontraintuitiven Überzeugungen von übernatürlichen Mächten handeln, behandelt dieser Ansatz erstens religiöse Überzeugungen als Überzeugungen über theoretische Fragen. Wie ich aber in Kapitel 1 erklärt haben, beinhaltet eine Überzeugung, philosophisch verstanden, lediglich eine unterstellte Festlegung auf die Wahrheit einer Proposition. Man kann glauben (davon überzeugt sein), dass dort im Korb Äpfel liegen, dass es morgen regnen wird, dass man von seinen Kindern geliebt wird oder dass das Jüngste Gericht unmittelbar bevorsteht. Das Überzeugtsein ist in allen Fällen dasselbe, gleichgültig auf welchen Inhalt es sich bezieht. Je komplexer dieser Inhalt jedoch ist, desto stärker hat die Überzeugung die Wirkung, Emotionen zu mobilisieren und eine zentrale Rolle bei der Steuerung von Handlungen, Einstellungen und Lebensplänen zu spielen. Meines Erachtens besitzt der religiöse Glaube einen solchen komplexeren Gehalt. An sich braucht der Glaube an die Wahrheit der (»kontraintuitiven«) Aussage, dass es eine übernatürliche Instanz jenseits der Welt der Erfahrung gibt, aber keine solche Wirkung zu haben.

Die zweite Hinsicht, in der es sich bei der Idee von den kontraintuitiven Überzeugungen um eine Simplifizierung handelt, hat damit zu tun, dass sie mit einem Standardbegriff von »intuitiv« arbeitet, der sich von den Überzeugungen der zeitgenössischen wissenschaftlich-säkularen Kultur herleitet. Für Leute wie mich sind diese Überzeugungen vollkommen einleuchtend und daher ganz intuitiv. Um aber festzustellen, ob die Überzeugung einer anderen Person intuitiv ist, müssen wir uns auf ihre Welt einlassen und schauen, was in dieser Welt von zentraler und was von eher randständiger Bedeutung ist. Vom westlich-wissenschaftlichen Standpunkt aus gesehen, mag uns die Vorstellung, dass das Leben im Ganzen beziehungsweise das Universum irgendeine Art von Ziel oder Zweck haben könnte, kontraintuitiv vorkommen. Das hat aber natürlich teilweise mit der Genese dieses Standpunkts zu tun, der gerade als Zurückweisung der genannten Vorstellung begann, indem er sich von der Aristotelischen Teleologie verabschiedet und eine rein mechanistische Kosmologie entwickelt hat. Wer von woanders startet, wird andere Sichtweisen kontraintuitiv finden.

Damit möchte ich keinem Wahrheitsrelativismus das Wort reden – zweifelsohne ist die moderne westlich-wissenschaftliche Sicht der Dinge der Aristotelischen in Sachen Weltbeschreibung überlegen, das ist ja klar. Hier geht es jedoch um etwas anderes, nämlich darum, was es heißt, wenn man sagt, etwas leuchte *intuitiv* oder *offensichtlich* oder *selbstverständlich* ein. Was Menschen selbstverständlich finden, hängt von den spezifischen Umständen ab, unter denen sie aufgewachsen sind, von ihrer Kultur und von ihrem Wissensstand. Wenn wir uns mit der Religion als einem psychologischen oder gesellschaftlichen Phänomen beschäftigen, sollten wir unsere Aufmerksamkeit nicht auf das richten, was der aktuellen wissenschaftlichen Denkweise als »kontraintuitiv« erscheint, sondern darauf, wie die Teilnehmer an der Praxis der Religion selbst ihren Glauben sehen. Natürlich wird das nicht ausreichen, denn das Wesen der Religion erschöpft sich bei weitem nicht in dem, was irgendeine Gruppe von Gläubigen dafür hält. Aber zu versuchen, eine menschliche Praxis vom Standpunkt derjenigen zu verstehen, die sie praktizieren, sollte der anthropologische Ausgangspunkt sein.

Aus ebendiesen Gründen bin ich mit Blick auf einige kognitionswissenschaftliche Behauptungen über Religion doch eher skeptisch. Aber heißt das auch, dass dem religiösen Impuls keine besondere psychologische Einstellung entspricht? Genau das dachte James:

> Während der eine es [das »religiöse Empfinden«] mit dem Abhängigkeitsgefühl in Verbindung bringt, erklärt ein anderer es zu einem Derivat der Furcht. Wieder andere stellen einen Zusammenhang mit dem Geschlechtsleben her; noch andere verbinden es mit dem Gefühl des Unendlichen und so weiter. Diese verschiedenen Weisen der Begriffsbildung sollten an sich schon Zweifel daran wecken, ob ihr Gegenstand überhaupt eine spezifische Einheit bildet; […] [er verweist] vermutlich auf nichts psychologisch Spezifisches […].[11]

Andere widersprechen. Nagel hat die Sehnsucht beschrieben, »nicht nur das Leben der Kreatur zu leben, die man ist, sondern dadurch auch auf irgendeine Weise am Leben des Universums im Ganzen zu partizipieren«, und bezeichnet das Bedürfnis, diese Sehnsucht zu haben, als das »religiöse Temperament«.[12] Das Wort »Temperament« suggeriert eine charakterliche Disposition oder einen Wesenszug: nicht bloß eine Überzeugung, sondern etwas Komplexeres, das Hoffnung oder Sehnsucht beinhaltet sowie eine emotionale Verbindung zur Welt.

Nagels Idee eines religiösen Temperaments lässt sich zum Beispiel in Begriffen der menschlichen Neigung interpretieren, die Welt als von Bedeutungen durchflutet zu sehen. Das ist nicht dasselbe wie von der Wahrheit einer Proposition überzeugt zu sein. Natürlich beinhaltet es auch eine Überzeugung, aber darüber hinaus noch etwas anderes, etwas, das eher der Wahrnehmung ähnelt oder einer emotionalen Färbung der Welt. Nicht jedwedes kognitive Erfassen der Welt hat die Form einer Überzeugung. Wenn Sie einen Raum betreten und eine gewissen Spannung zwischen den dort anwesenden, Ihnen bekannten Personen spüren, dann handelt es sich um ein unmittelbares emotionales Erfassen der Situation, das einer Wahrnehmung ähnlicher ist als einer Überzeugung. Noch instinktiver ist die Angstwahrnehmung; angesichts von etwas Furchteinflößendem reagieren unsere Körper auf eine quasiautomatische Weise, die aber dennoch rational sein kann.

Aufgrund der Komplexität unserer je individuellen psychologischen Verfasstheit und weil es nun mal sehr viele sehr unterschiedliche Menschen gibt, wird es keine schlichte Korrelation geben zwischen denen, die ein religiöses Temperament besitzen, und denen, die sich selbst als religiös beschreiben. Manche Menschen haben den Drang, an etwas zu glauben, nach einer unsichtbaren Ordnung Ausschau zu halten, und zwar selbst dann, wenn sie eigentlich nicht gläubig sind. Das gilt sicherlich für einige der zuvor beschriebenen pessimistischen Atheisten. In einer Hinsicht besitzen diese Leute ein religiöses Temperament oder zumindest das Potenzial dazu. Es gibt solche, die glauben möchten, es aber nicht können; oder solche, die sich nach einer Ordnung sehnen, auch wenn sie vermuten, dass es keine gibt. Häufig beschreiben sich diese Leute als spirituell oder als »auf nach der Suche« nach etwas anderem. Nach meiner Auffassung können sie durchaus so etwas wie ein religiöses Temperament haben, ohne tatsächlich Gläubige zu sein.

Umgekehrt gibt es Menschen, die einer Religion angehören, aber religiös temperamentlos sind – zum Beispiel wenn sie ihre Zugehörigkeit zu einer Glaubensgemeinschaft in rein »weltlichen« Begriffen verstehen. Sie gehen in die Kirche, Synagoge oder Moschee, sie praktizieren die von ihrer Religion geforderten religiösen Bräuche, glauben aber nicht an eine unsichtbare Ordnung und passen auch ihr geistig-moralisches Leben nicht an diese an. Dennoch wäre es falsch, von ihnen zu behaupten, sie seien überhaupt nicht »religiös«, weil es ja durchaus der Fall sein kann, dass sie in alltagspraktischer Hinsicht ein durch und durch religiöses Leben führen und ihre Moralität sich vollständig aus den textlich überlieferten Traditionen ihrer Religion speist. Dass ihnen ein religiöses Temperament im Sinne Nagels fehlt, widerspricht dem aber nicht.

Nach meiner Erfahrung leben viele Christen und Juden auf diese Weise. Viele Juden halten sich an die Speisevorschriften, beachten den Sabbat und beten in der Synagoge. Es ist für sie von außerordentlicher Bedeutung, dass sie Juden sind, dass sie die Traditionen ihrer Eltern und Großeltern fortsetzen und ihr Leben ohne diese Dinge keinen rechten Sinn ergäbe. Sie müssen aber deshalb nicht von der Idee einer unsichtbaren Ordnung, das heißt von etwas, das ihre normale Erfahrungswelt transzendiert, geleitet sein und den Drang verspüren, ihr Leben in Einklang mit dieser Ordnung zu führen. Einige dieser Juden und ebenso manche Christen (zum Beispiel nichttheistische Quäker oder liberale Anglikaner in Großbritannien) dürfen sehr wohl als Atheisten gelten, auch wenn sie sich selbst nicht als solche bezeichnen würden. Und selbst wenn sie sich explizit nicht als Atheisten verstehen: Das religiöse Temperament kann ihnen dennoch abgehen.

Wir sollten also unterscheiden zwischen dem, was Nagel unter dem religiösen Temperament versteht, und dem, was ich als den religiösen Impuls bezeichne. Das religiöse Temperament ist ein Bündel aus verschiedenen psychologischen Merkmalen, der religiöse Impuls hingegen der komplexe Inhalt einer bestimmten Überzeugung. Da zu diesem Inhalt auch die Überzeugung gehört, dass es eine unsichtbare Ordnung gibt, ist der religiöse Impuls nicht mit dem Atheismus vereinbar, während es durchaus Atheisten gibt, die viele der psychologischen Eigenschaften besitzen, die zum Nagel'schen religiösen Temperament gehören.

Der religiöse Impuls ist für das Phänomen der Religion zentral, das religiöse Temperament – eine psychologische Eigenschaft – kann dagegen ganz ungleichmäßig unter praktizierenden Gläubigen verteilt sein. Als Nächstes stellt sich die Frage, wie viel wir auf dieser Ebene der Allgemeinheit und Abstraktion über den kognitiven Inhalt des religiösen Impulses sagen können.

Das Transzendente und das Kosmologische

Meine Beschreibung des religiösen Impulses ist denjenigen, die sich intensiver mit dem religiösen Glauben befasst haben, hoffentlich vertraut. Wenn eine Überzeugung Teil des religiösen Impulses ist, dann muss diese einen Inhalt haben, der – wie ich in Kapitel 1 erklärt habe – besagt, wovon man überzeugt ist; es ist absolut unmöglich, eine Überzeugung zu haben, ohne von etwas überzeugt zu sein. Den Inhalt des religiösen Impulses hat James mit seiner Behauptung zum Ausdruck gebracht, dass es eine unsichtbare Ordnung gibt und unser größtes Gut darin liegt, in Einklang mit dieser Ordnung zu leben. Die verschiedenen Religionen legen auf je eigene Weise dar, was das bedeutet.

Um aber das Offensichtliche zu benennen: Wir haben es hier mit einer Überzeugung zu tun, die von der Existenz von etwas handelt, und damit mit einer Behauptung über das Universum oder die Welt im Ganzen – mit einer kosmologischen Behauptung.

Während ich die von den Neuen Atheisten vertretene spezifische Konzeption religiöser Kosmologie ablehne, möchte ich doch darauf beharren, dass es in (den meisten) Religionen ein kosmologisches Element gibt. Neuerdings neigen einige Atheisten und Christen dazu, diesen Aspekt des religiösen Glaubens herunterzuspielen. Aber ohne das kosmologische Element gäbe es keinen solchen Glauben im eigentlichen Sinn, denn man kann schwerlich danach streben, sein Leben von einer unsichtbaren Ordnung bestimmen lassen zu wollen, wenn es so etwas gar nicht gibt.

Wir haben gesehen, dass James' Rede von der »unsichtbaren Ordnung« nicht von irgendwelchen Aspekten der Realität handelt, die wir nicht sehen können: Von solchen gibt es in den Naturwissenschaften jede Menge. Vielmehr geht es – wie ich in Kapitel 1 im Rahmen meiner allgemeinen Charakterisierung von Religion bereits angedeutet habe – ums *Transzendente*. Traditionellerweise haben Philosophie und Theologie das Transzendente mit dem *Immanenten* (von lat.: *manere*, »verbleiben«) kontrastiert. Immanent ist, was innerhalb der Welt, wie wir sie erfahren, »verbleibt«, wohingegen das Transzendente jenseits dieser Welt liegt oder sie übersteigt. Der zuvor erwähnte Ausdruck des religiösen Impulses – »dies kann doch nicht alles sein, was es gibt« – drückt den Glauben ans Transzendente aus. Manchmal reden die Leute so, als sei das Transzendente etwas anderes als »die Welt« oder »diese Welt«; oder sie behaupten, dass die Welt im Ganzen mehr enthält als das, was uns vermittels unserer Wahrnehmung oder wissenschaftlichen Forschung zugänglich ist. Im Grunde sind das zwei Weisen, dasselbe zu sagen.

Zwar haben einige Spielarten des Christentums und des Judentums den Anspruch aufgegeben, vom Transzendenten zu sprechen, und betrachten sich als rein moralische oder ethische Bewegungen. In meinen Augen handelt es sich dabei jedoch aufs Ganze dieser beiden großen Traditionen gesehen um randständige Strömungen. Der Bezug auf das Transzendente ist nach meinem Verständnis von Religion einer ihrer wesentlichen Bestandteile. Es mag Moralkodizes, Praktiken, Riten und dergleichen geben, aber – ich wiederhole mich – ohne den Glauben an etwas Transzendentes gibt es keine Religion.

Allerdings geht aus der bloßen Idee von etwas im kosmologischen Sinn Transzendentem noch nicht hervor, worin genau es eigentlich besteht. Das Transzendente ist definitionsgemäß etwas *Jenseitiges*: jenseits von allem, was wir erfahren oder meinen vollständig begreifen zu können. Die verschiedenen Religionen haben das Transzendente je unterschiedlich verstanden, aber meines Erachtens haben all diese Verständnisse etwas gemeinsam, nämlich die Vorstellung, dass wir Gott oder das Göttliche (oder was auch immer transzendiert) mittels unserer Verstandeskräfte nicht vollständig erfassen können. Es ist ungemein wichtig, an dieser Stelle hervorzuheben, dass wir es hier nicht mit einem zu behebenden kognitiven Defizit zu tun haben, so als ob wir verstünden, was Gott ist, wenn wir nur schlauer oder besser informiert wären. Die Vorstellung, dass Gott – oder was auch immer all *dies* transzendiert – sich letztendlich außerhalb dessen befindet, was wir mit unserem endlichen menschlichen Verstand erfassen können, gehört zum

Kernbestand aller religiöser Traditionen. John Gray zufolge ist »das Gefühl, dass es ein Mysterium gibt, die Einsicht, dass das Wesen der Dinge schlussendlich nicht zu ergründen ist«, für den westlichen Monotheismus zentral.[13] Er hätte auch sagen können: zentral für jede Religion.

Eine Konsequenz aus der Vorstellung, dass wir das Wesen des Transzendenten nicht vollständig begreifen oder verstehen können, besteht darin, dass unseren Bemühungen, es doch mittels Worten oder Bildern zu versuchen, Steine in den Weg gelegt werden. Sie kommt in den monotheistischen Religionen an verschiedenen Stellen zum Vorschein: darin, dass fromme Juden den (nur unvokalisiert – JHWH – geschriebenen) Namen Gottes nicht aussprechen dürfen, dass der Prophet Mohammed nicht bildlich dargestellt werden darf und dass Gott nach dem mittelalterlichen christlichen Verständnis nur mittels Verneinungen beschreibbar ist. Damit will ich nicht sagen, orthodoxe Spielarten des Judentums, des Islams und des Christentums seien mystizistisch, sondern lediglich, dass sie den Gläubigen gewisse epistemische Grenzen auferlegen – Grenzen dessen, was sie wissen können.

Die Idee, das Transzendente könne von uns unter keinen Umständen vollumfänglich begriffen werden, erklärt so einiges mit Blick auf die Religion. Es erklärt zum Beispiel, warum Gläubige bereitwillig Tag für Tag Sentenzen äußern, die sie nicht vollständig verstehen oder die eine Metaphorik und Bildlichkeit beinhalten, die nicht ohne Bedeutungsverlust ins Buchstäbliche übertragbar sind. Und es erklärt, warum rationale, reflektierte Gläubige nicht denken, dass ihre Sicht der Dinge widerlegt wird, wenn man ihnen Gegenbeispiele präsentiert, die – aus Sicht des Atheisten – unwiderlegbar zu sein scheinen.

Beispielweise betrachten viele Atheisten das Problem des Bösen – wie ist die Existenz sinnlosen Leidens und Unheils mit Gottes Allmacht und Güte vereinbar? – als etwas, was einer Widerlegung der Existenz Gottes schon recht nahe kommt. Eine Standardantwort von christlicher Seite hierauf lautet, dass auch diesem Leiden in der Welt entgegen allem Anschein ein Zweck zugrunde liegen muss, selbst wenn wir nicht herausfinden können, welcher es ist. Kritiker reagieren auf diese Antwort häufig mit Unverständnis oder Hohn und Spott, und tatsächlich wirkt sie in manchen Kontexten fast schon anstößig, ja geschmacklos. Wie kann man ernsthaft behaupten, dem Grauen des Holocaust müsse ein Zweck zugrunde liegen? Dennoch ist eine solche Antwort manchmal richtig, so meine ich, und zwar für diejenigen, die versuchen, ein Leben im Glauben zu leben. Aus ihrer Sicht sollten wir nicht erwarten, dass alle Aspekte der Welt verstehbar sind – die Idee, dass Gottes Wege unergründlich sind, ist keine faule Ausrede, sondern in ihren Augen eine unumstößliche und verstörende Wahrheit.

Da ich selbst nicht gläubig bin, kann ich diese Denkweise nicht wirklich nachvollziehen. In den Augen der Gläubigen ist da aber offensichtlich etwas Wahres dran, und wenn wir Religion verstehen wollen, müssen wir Atheisten sie als das zu nehmen versuchen, was sie ist, wie schwierig das auch immer sein mag. Ich verstehe diese Art der Reaktion auf das Problem des Bösen als Teil davon, das Geheimnis Gottes anzuerkennen.

So gesehen stellt sich der kosmologische Inhalt des religiösen Impulses recht anders dar als in Richard Dawkins' Gotteshypothese, die wir in Kapitel 1 kennengelernt haben: »Es gibt eine übermenschliche, übernatürliche Intelligenz, die das Universum und alles, was darin ist, einschließlich unserer selbst, absichtlich gestaltet und erschaffen hat.«[14] Das ist eine schnörkellose, spezifische Tatsachenbehauptung über das Wesen der unsichtbaren Ordnung, die auf Intelligenz, Design und Schöpfung fokussiert. Und sie weicht in mindestens drei Hinsichten von dem ab, was ich als religiösen Impuls ausgezeichnet habe. Erstens: Es ist einer Person gewiss möglich, den religiösen Impuls zu besitzen, ohne zu glauben, Gott sei »eine übermenschliche, übernatürliche Intelligenz«. Die unsichtbare Ordnung kommt sowohl ohne die Vorstellung von etwas Übermenschlichem als auch ohne irgendeine Behauptung mit Blick auf Intelligenz aus. Zweitens: Die Gotteshypothese sagt nichts darüber, wie zu leben sei, was aber wesentlicher Bestandteil der Idee ist, die ich von James übernommen habe und der zufolge unser größtes Gut darin besteht, im Einklang mit dieser Ordnung zu leben. Und drittens: Dawkins' Hypothese schweigt sich darüber aus, dass Gott sich unserem Verstehen grundsätzlich entziehen könnte – meines Erachtens ein weiterer wesentlicher Bestandteil derjenigen religiösen Traditionen, von denen ich hier rede.

Natürlich ist die Idee einer Schöpfung durch eine überlegene Intelligenz Teil einiger religiöser Narrative gewesen, aber wir müssen unseren Blick weiten, wenn wir zu einer realistischeren und umfassenderen Darstellung des religiösen Glaubens gelangen wollen. Insbesondere sollten wir darüber nachdenken, inwieweit es überhaupt angemessen ist, den religiösen Glauben als eine »Hypothese« zu bezeichnen.

Als Pierre-Simon Laplace, der große Mathematiker und Physiker des 18./19. Jahrhunderts, gefragt wurde, wo denn Gott in seinem System zu finden sei, soll er gesagt haben:

»Ich habe dieser Hypothese nicht bedurft.« Christopher Hitchens zitiert Laplace zustimmend, versäumt es aber zu erwähnen, dass diese Bemerkung eine bewusste Provokation gewesen sein muss.[15] Die Vorstellung, dass Gott eine Hypothese in ebenjenem Sinn sein könnte wie (zum Beispiel) Newtons Hypothese allgemeiner Gravitation, hätte zu Laplace' Zeiten eine andere Wirkung gehabt als auf Dawkins, Hitchens oder atheistische Leserinnen heute. Laplace' Bemerkung wurde nicht in einem intellektuellen oder sozialen Kontext geäußert, in dem Gott bloß eine Hypothese unter anderen war; ja, aus dem Mund eines Gläubigen hätte eine solche Äußerung vermutlich grob anstößig geklungen. Laplace' Bemerkung einfach als eine wissenschaftliche Bewertung der Gotteshypothese zu verstehen wäre also doch etwas einfältig.

Eine Hypothese ist eine tatsachenbezogene Aussage, die als der Versuch vorgetragen wird, irgendein gegebenes Phänomen oder Datenmaterial zu erklären. Einem der von Dawkins gemachten Punkte zufolge schneidet die Gotteshypothese dabei deutlich schlechter ab als die Evolutionshypothese, wonach »[j]ede kreative Intelligenz, die ausreichend komplex ist, um irgendetwas zu gestalten, [...] ausschließlich als Endprodukt eines langen Prozesses der allmählichen Evolution [entsteht]«.[16] Zweifelsohne sollten wir diese letztere Hypothese als eine Behauptung über unsere Welt akzeptieren; die Frage ist aber, ob der religiöse Glaube überhaupt als etwas betrachtet werden sollte, das mit dieser Art von Hypothese vergleichbar ist.

An dieser Stelle neigt man dazu, mit »ja« zu antworten, und es ist unschwer zu sehen, warum. Eine Person, die an die göttliche Schöpfung glaubt, wird auf die Frage nach dem Ursprung der Welt antworten: »Gott hat sie geschaffen.« Für eine Gläubige ist das eine zufriedenstellende Erklärung, aber ist sie auch als eine gute explanatorische Hypothese im wissenschaftlichen Sinn gemeint? Der klassische Einwand gegen die Behauptung, es handle sich um eine solche Hypothese, stammt von David Hume und wird seither von vielen Atheisten wiederholt. Er lautet: Die göttliche Schöpfung wirft exakt so viele Probleme auf, wie sie löst. Wenn die Existenz des Universums durch Gottes kreatives Handeln erklärt wird, was erklärt dann die Existenz Gottes?

Nach meiner Erfahrung empfinden Gläubige diese Frage typischerweise als nicht besonders beunruhigend. Wären sie aufgefordert, sie ernst zu nehmen, dann sollte sie das beunruhigen. Letzteres ist aber nicht der Fall, obwohl sie häufig von skeptischer und atheistischer Seite damit konfrontiert werden. Manche Kritiker werten dies womöglich als ein weiteres Indiz für die Irrationalität von Gläubigen, die einen Schöpfer postulieren, um die Welt zu erklären, dann aber unfähig sind, den Schöpfer zu erklären – und schlimmer noch: All dies bereitet ihnen keinerlei Kopfzerbrechen! Es gibt aber eine andere Lesart dieser scheinbar ausweglosen Situation, nämlich dass die Idee eines die Welt erschaffenden Gottes gar nicht als wissenschaftliche Hypothese fungiert. Es ist nicht so, als sei Gott bloß ein weiteres Objekt in der Welt, das wir als Hypothese setzen, um diese zu erklären – so wie wir die Existenz von Elektronen annehmen, um elektromagnetische Effekte zu erklären. Wäre das der Fall, wäre die Frage nach der Erklärung für die Existenz Gottes völlig legitim (und von der gleichen Art wie die nach der Existenz oder dem Wesen von Elektronen). Für den Gläubigen ist die Berufung auf Gott jedoch von anderer Art als die Berufung auf irgendein

Objekt: Sobald wir zu Gott gefunden haben, hat sich die Sache mit der Erklärung erledigt. Gottes Existenz bedarf keiner weiteren Erklärung.

Eine Hypothese sollte sich in ein Gedankensystem einfügen lassen, in dem komplexere oder sehr verwirrende Dinge mittels solcher erklärt werden, die einfacher oder klarer sind. Dieses wissenschaftliche Ideal ist unter dem Namen »Reduktion« bekannt: Der Gang des Erklärens bewegt sich vom Komplizierten zum Einfacheren. Es liegt jedoch keineswegs auf der Hand, dass die Vorstellung von einem Gott, der die Welt erschafft, in irgendeinem nachvollziehbaren Sinn einfacher ist als die Vorstellung von der Existenz der Welt. Und anstatt diesen Sachverhalt als eine Schwäche der religiösen Erklärung zu werten, sollten wir ihn meiner Meinung nach als ein Indiz dafür lesen, dass wir uns überhaupt nicht im Bereich wissenschaftlicher Hypothesen befinden.

Was religiöse Behauptungen enthalten und Hypothesen gerade nicht, ist etwas, das wohl den wichtigsten Aspekt religiöser Kosmologie bildet: ihr Anspruch auf *Bedeutung*. Der religiöse Impuls verleiht dem Leben der Gläubigen Bedeutung, indem er ihr Hinweise gibt, wie ein Leben in Einklang mit der unsichtbaren Ordnung (oder ein Leben in Frömmigkeit, Gläubigkeit oder Heiligkeit) zu leben ist. Hat jemand einen Glauben oder den religiösen Impuls, dann spielt es keine Rolle, wenn er bestimmte Frage nicht beantworten kann. Die Frage »Wenn Gott die Welt gemacht hat, wer hat dann Gott gemacht?« geht für den echten Gläubigen, der versucht, ein entsprechend religiöses Leben zu leben, schlicht an der Sache vorbei.

Angenommen, religiöse Behauptungen sind tatsächlich keine Hypothesen im wissenschaftlichen Sinn. Würde daraus folgen, dass sie in Wahrheit überhaupt keine Tatsachen- oder Existenzbehauptungen darstellen? Dawkins wird darauf mit »ja« antworten, weil er denkt, dass »Religionen [...] Existenzbehauptungen auf[stellen], also wissenschaftliche Behauptungen«.[17] Für Dawkins kann also etwas, das keine wissenschaftliche Behauptung ist, auch keine Existenzbehauptung sein. Das möchte ich nicht so eng sehen und halte dagegen: Es gibt Behauptungen über die Welt – und daher über Existenz –, die nicht wissenschaftlich sind.

Viele Beispiele aus Bereichen außerhalb der Sphäre der Religion veranschaulichen diese einfache Beobachtung. Denken wir zum Beispiel an gewöhnliche Tatsachenbehauptungen über menschliche Gesellschaften, etwa dass die Europäische Union derzeit aus 28 Mitgliedsstaaten besteht oder dass der Zweite Weltkrieg 1945 endete. Das sind Tatsachenbehauptungen oder Behauptungen über Existenz – darüber, was es gibt oder gegeben hat. Dennoch haben wir keine Wissenschaft der Europäischen Union, und wir benötigen auch keine Wissenschaft, um herauszufinden, dass der Krieg 1945 endete. Es sieht auch so aus, als ob es moralische oder politische Behauptungen gibt, die ebenfalls fakten- beziehungsweise existenzbezogen sind – wie die Behauptung, dass einige Regierungsformen (beispielsweise die Demokratie) anderen überlegen sind oder dass es eindeutig böse Dinge gibt (beispielsweise die Folter). Und doch gibt es keine Wissenschaft, die uns sagt, welche Formen der Regierung überlegen sind oder was gut und was böse ist. Es sieht also so aus, als seien Tatsachen- beziehungsweise Existenzbehauptungen etwas anderes als wissenschaftliche Behauptungen. Dawkins' Gleichsetzung der beiden ist falsch.

In ähnlicher Weise stellt die Vorstellung, dass es eine

transzendente Ordnung gibt, die sich jenseits dessen erstreckt, was wir erfahren können, eine Existenzbehauptung dar, die, so möchte ich sagen, nicht wissenschaftlich ist. Das gilt auch für die Idee, dass unser höchstes Gut darin besteht, in Harmonie mit dieser Ordnung zu leben. Der religiöse Impuls ist keine wissenschaftliche Hypothese. Weiteres Nachdenken über dieses Merkmal des religiösen Glaubens wird uns dabei helfen, die vieldiskutierte Frage zu bearbeiten, ob Wissenschaft und Religion miteinander vereinbar sind oder nicht.

Wissenschaft und Religion

Es gibt eine Geschichte über Bertrand Russell, die davon berichtet, wie er einmal irgendwo einen öffentlichen Vortrag hielt, in dem er seinen Atheismus verteidigte. Am Ende des Vortrags erhob sich eine aufgebrachte Frau und fragte: »Was, Lord Russell, werden Sie denn sagen, wenn Sie am Jüngsten Tag vor Gottes Thron stehen?« Russell antwortete: »Ich werde sagen: ›Es tut mir furchtbar leid, aber Du hast uns nicht genug Belege geliefert‹.«

Unter Atheisten ist das eine verbreitete Strategie, auf religiöse Behauptungen zu reagieren: Man verlangt nach entsprechenden Belegen und weist die Behauptung zurück, falls diese nicht beigebracht werden können. Mit Blick auf die verfügbaren Belege sehen die religiösen protowissenschaftlichen Hypothesen nicht besonders gut aus. Die Wissenschaft macht hier eine deutlich bessere Figur.

Doch gemäß dem in diesem Kapitel entfalteten Ansatz wäre es verkehrt, in dieser Weise über das Verhältnis zwischen Wissenschaft und Religion nachzudenken. Zu sagen, sie seien umstandslos miteinander vereinbar oder umstandslos unvereinbar, ist nicht ganz richtig. Denn auf der einen Seite beinhaltet die Religion eine kosmologische Komponente, wie ich sie gerade beschrieben habe. Es wäre durchaus vernünftig, die Gesamtheit des modernen wissenschaftlichen Wissens als ein Argument gegen sie zu betrachten – es gibt keine unsichtbare Ordnung; die Welt ist einfach nicht so beschaffen. Bei dieser Zurückweisung handelt es sich nicht, wie Russells Bemerkung nahezulegen scheint, um eines der Dogmen moderner Wissenschaft als solcher, sondern um eine metaphysische Interpretation ihrer Entdeckungen. Auf der anderen Seite sind die Denkstile in Wissenschaft und Religion derart unterschiedlich, dass der Idee eines direkten Konflikts zwischen ihnen der Boden entzogen wird. Aus diesem Grund ist es ebenfalls nicht unvernünftig, wenn ein Wissenschaftler, der mit dem Stand der Forschung bestens vertraut ist, auch dem religiösen Impuls nachgibt. Tatsächlich sind viele fähige und sogar brillante Wissenschaftler religiös. Und offenkundig hindert sie das nicht daran, wissenschaftlich tätig zu sein, und untergräbt auch nicht ihre Arbeit.

Wissenschaftliches Erklären verlangt nach einer sehr speziellen und fachspezifischen, technischen Art von Wissen. Eine entsprechende Ausbildung, Geduld, Spezialisierung, eine starke Fokussierung sowie (bei den Grundlagentheorien) ein beträchtliches Maß an mathematischem Wissen und mathematischer Kompetenz sind dazu nötig. Niemand ist imstande, die Quantentheorie zu verstehen – die wohl erfolgreichste Theorie, die es in der Physik jemals gab –, der nicht die ihr zugrunde liegende Mathematik kapiert. Wer etwas anderes behauptet, macht sich etwas vor.

Ganz anders der religiöse Glaube. Er ist nicht auf diejenigen beschränkt, die über eine bestimmte Ausbildung oder über ein bestimmtes Wissen verfügen, er verlangt kein jahrelanges Training, ist nicht spezialisiert und nicht fachspezifisch-technisch. Ich muss an dieser Stelle betonen, dass ich über die Religion ganz gewöhnlicher Gläubiger spreche: über das, was nach eigenem Bekunden diejenigen Leute denken, die regelmäßig in die Kirche, die Moschee oder die Synagoge gehen. Es geht also nicht um die komplexen fachspezifischen Theoriegebäude der Theologien oder die Art und Weise, wie Theologen den Inhalt des gewöhnlichen Glaubens interpretieren.

Ein weiterer Unterschied zwischen Wissenschaft und Religion besteht darin, dass religiöser Glaube weit verbreitet ist, wissenschaftliches Wissen hingegen nicht. Tatsächlich interessiert sich nur ein ziemlich kleiner Teil der sieben Milliarden Menschen auf diesem Planeten für die Einzelheiten zeitgenössischer wissenschaftlicher Theorien. Warum? Ein offenkundiger Grund lautet, dass es sehr vielen von ihnen an der entsprechenden Ausbildung fehlt, um Zugang zu diesem Wissen zu haben. Und selbst wenn sie ihn haben, so ein anderer Grund, erfordern die Entwicklung und das Verständnis dieser Theorien hochspezialisiertes Wissen und besondere Fähigkeiten, die nicht jeder zu erwerben imstande ist. Noch ein weiterer Grund, so würde ich vermuten, besteht darin, dass die meisten Menschen nicht sonderlich an Wissenschaft interessiert sind, selbst wenn sie die Möglichkeit haben, etwas über sie zu erfahren, und über die intellektuellen Grundlagen verfügen, sie zu verstehen. Natürlich wissen viele gebildete Leute (eventuell sogar die meisten), die schon einmal mit Wissenschaft in Berührung gekommen sind, zumindest ungefähr, was es mit den Theorien Einsteins, Newtons und Darwins auf sich hat. Viele von ihnen akzeptieren die wissenschaftliche Weltsicht und verstehen sie in groben Zügen. Sich für die Einzelheiten wissenschaftlicher Forschung zu interessieren oder selbst ins wissenschaftliche Denken einzutauchen ist aber etwas anderes.

Dieser geringe Zuspruch, den die Wissenschaft erfährt, steht in scharfem Kontrast zum weltweiten Interesse an der Religion (beziehungsweise dem Bekenntnis zu ihr). Wir haben ja schon festgehalten, dass Religion über die Gefühle und den Geist von Milliarden gebietet und sie in ihren Bann schlägt – von sehr viel mehr Menschen, als sich in irgendeiner Form für Wissenschaft begeistern. Warum ist das so? Weil – wie die Neuen Atheisten sagen würden – viele Religiöse die Welt zwar auf wissenschaftliche Art erklären möchten, dies aber mangels anständiger Bildung noch nicht so ganz auf die Reihe kriegen? Oder weil so viele Leute unrettbar irrational und unfähig zu wissenschaftlichem Denken sind? Oder geht hier etwas anderes vor?

Wie wir gesehen haben, besteht eine Antwort auf diese Fragen in der Zurückweisung der Vorstellung, dass Religion überhaupt im Bereich des Faktischen operiert. Einer Konzeption von Religion zufolge handelt sie davon, eine bestimmte Art von wertegesättigtem Leben zu leben und die Welt als eine bedeutungsvolle zu erkennen. So gesehen wäre Religion eine moralisch-praktische Weltanschauung, die von einer wissenschaftlichen Erklärung meilenweit entfernt ist. Allerdings habe ich diese Konzeption bereits zurückgewiesen – mit dem Argument, dass es unbedingt zum Wesenskern von Religionen gehört, gewisse Behauptungen über Tatsachen oder historische Ereignisse zu machen. »Es gibt keinen Gott außer Gott (Allah), und Mohammed ist sein Prophet« ist eine Tatsachenbehauptung.

Und wenn der heilige Paulus sagt: »Ist aber Christus nicht auferweckt worden, dann ist unsere Verkündigung leer, leer auch euer Glaube«, dann bringt er damit zum Ausdruck, dass der springende Punkt des Glaubens an bestimmten Tatsachen hängt, insbesondere an einem spezifischen historischen Ereignis. Theologen werden intensiv darüber debattieren, was genau es heißt zu behaupten, Christus sei auferstanden, und worin genau die Bedeutung und Bedeutsamkeit dieses Ereignisses besteht, und sie werden mit mehr oder weniger ausgefeilten Theorien darüber aufwarten. Worauf es mir an dieser Stelle ankommt, ist nur dies: Christinnen und Christen müssen behaupten, dass es ein solches Ereignis gegeben hat.

Kehren wir zurück zu dem Kontrast mit den Hypothesen. Wir haben gesehen, dass zur Wissenschaft das Bilden von Hypothesen über die Ursachen und das Wesen der Dinge gehört, um die Phänomene, die wir um uns herum beobachten, zu erklären und um ihr zukünftiges Verhalten vorherzusagen. Einige Wissenschaften – die Medizin zum Beispiel – entwickeln Hypothesen über die Ursachen von Krankheiten und testen sie mittels praktischer Verfahren. Andere – etwa die Kosmologie – stellen Hypothesen über Ursachen auf, deren alltagsweltlicher Bezug nicht unmittelbar gegeben ist und die ein hohes Maß an mathematischer Abstraktion und Idealisierung verlangen. Wissenschaftliches Denken schließt die Verpflichtung ein, eine Hypothese nur soweit aufrechtzuerhalten, wie es das Belegmaterial erfordert. Wissenschaftlerinnen sollten keine Ad-hoc-Hypothesen akzeptieren – solche, die zwar auf eine spezifische Situation zugeschnitten, aber nicht verallgemeinerbar sind. Die meisten wissenschaftlichen Theorien beinhalten irgendeine Art von Verallgemeinerung: Sie stellen nicht einfach eine Behauptung über eine einzige Sache auf, sondern über Dinge allgemeiner Art. Und ihre Hypothesen sind alles in allem gebaut, um Vorhersagen zu ermöglichen; wenn diese Vorhersagen sich nicht als wahr herausstellen, dann haben die Wissenschaftler ein Problem.

Ich habe oben dargelegt, warum Religionen nicht im eben genannten Sinn Hypothesen konstruieren. Der Sachverhalt, dass das Christentum in gewissen historischen Behauptungen gründet, etwa der von der Auferstehung, reicht nicht aus, um wissenschaftliche Hypothesen als zentrales Element des Christentums auszuweisen, so wenig wie wissenschaftliche Hypothesen zentral für das Studium der Geschichte sind. Man kann Atheist sein, weil man der Ansicht ist, es gebe dieses historische Fundament des Christentums nicht; aber das ist nicht dasselbe wie zu denken, bei den christlichen Lehren handele es sich schlicht um schlechte wissenschaftliche Hypothesen.

Religiöse Behauptungen machen keine sonderlich gute Figur, wenn man sie als wissenschaftliche oder protowissenschaftliche Hypothesen versteht: Sie sind ad hoc, sie sind willkürlich, sie machen nur selten Vorhersagen, und wenn doch, dann stellen diese sich so gut wie nie als wahr heraus. Und trotzdem scheint all dies – wie gesagt – kein Grund zur Sorge für Christen zu sein. In den Evangelien prophezeit Jesus das baldige Ende der Welt und die Ankunft des Königreichs Gottes. Es beunruhigt die Gläubigen nicht, dass Jesus sich faktisch geirrt hat. Hätte Jesus so etwas wie eine wissenschaftliche Hypothese entwickelt, dann sollte es sie beunruhigen. Religionskritiker mögen nun sagen, dies beweise einfach nur die manifeste Irrationalität von Religion. Aus meiner Sicht beweist es hingegen, dass hier etwas anderes als Hypothesenbildung am Werk ist.

Das Weltverstehen des religiösen Glaubens toleriert ein hohes Maß an Rätselhaftigkeit und Nichtwissen, was unerklärlich wäre, wenn es sich dabei um ein Unterfangen handeln würde, das mit Hypothesenbildung operiert. Wenn die Gottesfürchtigen beten, und ihre Gebete werden nicht erhört, betrachten sie dies nicht als einen Beleg, der gegen all die anderen Belege, denen zufolge Beten eine Wirkung hat, abzuwägen ist. Generell verspüren sie keine Verpflichtung, die Belege zu gewichten. Wenn Gott ihre Gebete nicht erhört, nun, dann muss es dafür einen Grund geben, auch wenn wir vielleicht niemals erfahren werden, welcher es ist. Warum leiden Menschen, wenn doch ein allmächtiger Gott sie liebt? Darauf sind viele komplexe Antworten gegeben worden, aber schlussendlich läuft es auf dies hinaus: Es ist ein Mysterium, ein quälendes und verstörendes Rätsel.

Auch die Wissenschaft hat ihre Mysterien (oder vielmehr: Dinge, die einfach ohne weitere Erklärung akzeptiert werden müssen). Allerdings besteht eines ihrer Ziele darin, deren Anzahl möglichst klein zu halten, das heißt, die Anzahl primitiver Konzepte oder Erklärungen zu reduzieren. Anders die Religion: Sie strebt nicht danach, den Anteil des Mysteriösen zu reduzieren. Geheimnisse werden als eine Konsequenz dessen, was die Welt aus Sicht der Religiösen zu einer bedeutungsvollen macht, akzeptiert.

Damit sind wir beim Kern der Differenz zwischen Wissenschaft und Religion angelangt. Religion ist der Versuch, der Welt Sinn abzugewinnen, aber nicht in der Weise, in der die Wissenschaft das versucht. Wissenschaft macht sich einen Reim auf die Welt, indem sie zeigt, wie die Dinge zu den von ihr aufgestellten Hypothesen passen. Der typische Modus wissenschaftlichen Erklärens besteht in dem Nachweis, dass sich Ereignisse in ein allgemeines Muster einfügen. Religiöses Erklären funktioniert anders. Äußerst abstrakt formuliert, folgt es nicht dem wissenschaftlichen Muster »X ist geschehen, weil es in der Welt eine allgemeine Gesetzmäßigkeit der Form Y gibt«. Religiöses Erklären geht eher so: »X ist geschehen. Akzeptiere es. Versuche, es zu verstehen.« Wie Pascal Boyer zu Recht betont hat, sollten wir nicht davon ausgehen, dass die Religion in dem Verlangen nach der Art von Erklärungen wurzelt, wie sie die Wissenschaft liefert. Unter all den Dingen, die wir als Erklärungen gelten lassen, ist die wissenschaftliche Erklärung nur eine.

Während religiöses Denken weltweit enorm verbreitet ist, ist das mit Blick auf das wissenschaftliche Denken – wie erwähnt – nicht der Fall. Diesem Faktum sollten wir nicht mit dem Verweis auf das Nichtwissen oder die Irrationalität derjenigen begegnen, die nicht wissenschaftlich denken. Vielmehr verhält es sich so, weil sich die Anziehungskraft, die die Religion in intellektueller, emotionaler und praktischer Hinsicht auf Menschen ausübt, von der Anziehungskraft der Wissenschaft deutlich unterscheidet. Stephen Jay Gould hat einst behauptet, Religion und Wissenschaft seien »Nonoverlapping Magisteria« (NOMA).[18] Wenn er damit meinte, dass Religionen keine Tatsachenbehauptungen aufstellen, lag er falsch. Behauptungen über das Transzendente, über die unsichtbare Ordnung und über die Erschaffung der Welt sind Tatsachenbehauptungen, auch wenn sie möglicherweise nicht wissenschaftlich beweisbar oder widerlegbar sind. Wenn er aber meinte, dass Religion und Wissenschaft sehr verschiedene Weisen sind, die Welt verstehen zu wollen, dann hatte Gould sicherlich recht: Die Suche nach Sinn unterscheidet sich grundlegend von der Suche nach wissenschaftlichem Wissen.

Nicht Hypothesen sind also zentral für den religiösen Glauben, sondern das Bekenntnis zur Sinnhaftigkeit der Welt. Sich der Suche nach Sinn zu verschreiben macht es aber nicht immer leichter, die Welt zu verstehen oder mit ihr zurande zu kommen. Tatsächlich kann es die Dinge sogar schwieriger machen – dies ist eine Lehre, die wir aus dem Problem des unerklärlichen Leidens und des Bösen ziehen können. Der Gläubige trägt eine Zusatzlast, wenn er versucht, die Existenz eines liebenden Gottes mit der Existenz des Bösen zu versöhnen, eine Last, die der Atheist nicht zu schultern hat. Zu versuchen, das Ausmaß an menschlichem Leid in einer sinnhaften Welt zu verstehen, ist etwas, womit der Gläubige kämpft – und von außen kann dieser Kampf wie ein tragisches Scheitern aussehen.

An dieser Stelle kommt der religiöse Glaube [*faith*] ins Spiel. Als eine allgemeine Form religiöser Erklärung habe ich »X ist geschehen. Akzeptiere es. Versuche, es zu verstehen« angeboten. Die Haltung, schon vor dem Verstehen zu akzeptieren, bringt das berühmte Motto des heiligen Anselm auf den Punkt: *Credo ut intelligam* – Ich glaube, damit ich erkennen kann. Genau dies ist die Haltung des Glaubens. Glaube ist nicht einfach Überzeugung [*belief*], wie in Kapitel 1 eingeführt, sondern vielmehr eine Art Festlegung auf eine Weltsicht, komme, was da wolle; man hält daran fest, so wie ein treuer Freund an unserer Seite bleibt, in guten und in schlechten Zeiten. Inwiefern ein Glaubensleben häufig ebenso viele schlechte wie gute Zeiten kennt, hat Francis Spufford sehr schön beschrieben:

> Du bittest um Hilfe, und du bekommst nichts: Auf einer bewussten Ebene könntest du daraufhin beschließen, dass da eben niemand war, der hätte helfen können, aber da du nun mal gefragt hast, fühlt es sich auf einer weniger bewussten Ebene so an,

als ob die Hilfe verweigert worden wäre. Daher rührt die ärgerliche Kante, an der sich gelegentlich der Unglaube schärft, wenn er durch eine dieser Episoden fruchtlosen Bittens erneuert wird. In den Worten Samuel Becketts: »Der Lump! Er existiert nicht!« Das Leben im Glauben hat gerade so viele Der-Lump-existiert-nicht-Momente wie das Leben ohne Glauben. Eher sogar mehr davon, da wir Gläubigen die Neigung haben, häufiger zum Thema zurückzukehren, und dadurch mehr Gelegenheiten bekommen, enttäuscht zu werden.[19]

Das Gefühl, im Stich gelassen worden zu sein, dem die Gläubigen häufig Ausdruck verleihen können – »Mein Gott, mein Gott, warum hast du mich verlassen?« –, ist ein Grund, warum es falsch wäre, den Glauben für eine Art intellektuelle Selbstzufriedenheit zu halten, so als sei er dasselbe wie epistemische Gewissheit. Søren Kierkegaard ging sogar so weit, Glaube und Wahrheit zusammen zu definieren als »die objektive Ungewissheit, die der Ausdruck für die Leidenschaft der Innerlichkeit ist«.[20] Ebenso falsch wäre es im Übrigen, das Zutrauen der Wissenschaftler in die Wahrheit ihrer eigenen Theorien als eine Art von Glauben zu verstehen, so wie manche das tun. Es ist etwas völlig anderes.

Würden wir den religiösen Glauben als eine dogmatische intellektuelle Zuversicht fassen, kämen uns einige seiner offenkundigen Merkmale seltsam vor – beispielsweise Bestattungsriten. Dabei sind diese natürlich gar nicht so seltsam. Einige der machtvollsten und bezwingendsten Riten aller großen Religionen sind als Antwort auf den Tod entstanden, und selbst Atheisten finden sie häufig bewegend. Verfügten die Gläubigen aber über jene Gewissheit, die ihnen gelegentlich von den Neuen Atheisten unterstellt wird, wäre das feierliche Pathos und die Schwermut, die diese

Zeremonien begleiten, sehr rätselhaft. Man würde sich fragen, warum die Anhänger jener Religionen, in denen ein Leben nach dem Tod vorgesehen ist, nicht einfach ein fröhliches Fest feiern, wenn ihnen ihre Lieben genommen werden. Warum das Trauern und Klagen, warum die düsteren und tiefgründigen Requiems?

Die Antwort lautet, dass Glaube nicht Gewissheit ist, sondern eher einem unablässigen Kampf um Verstehen in einer offensichtlich mysteriösen Welt gleicht – dem, was John Caputo mit einer Augustinus-Paraphrase als »das unruhige suchende Herz inmitten einer geheimnisvollen Welt« beschreibt.[21] Zwangsläufig nimmt das aber jene Art von unproblematischem Trost im Angesicht des Todes vom Tisch, den viele Atheisten für den eigentlichen Zweck der Religiosität halten (jenen »riesigen, von Mottenfraß durchlöcherten Brokat / aus dem der Seele ewiges Leben winken sollte«). Einer weitverbreiteten Vorstellung zufolge sind Menschen gläubig, weil es ihnen ermöglicht, den Tod zu überleben; in Wahrheit aber stehen die Gläubigen dem mit dem Sterben verbundenen Verlust in derselben Weise gegenüber wie alle anderen. Klar, sie reden vielleicht über das Jenseits und das Leben nach dem Tod und meinen es auch wirklich so, aber dabei handelt es sich ebenso sehr um einen Ausdruck der Hoffnung wie bei jeder x-beliebigen expliziten metaphysischen Spekulation. Aus diesem Grund sagt Philip Kitcher vollkommen zu Recht: »Wenn die Religion sich auf das Eingeständnis zurückzieht, das Transzendente sei ein Mysterium, das nur durch metaphorische Umschreibungen begreiflich wird, löst sich ihre angebliche trostspendende Kraft auf.«[22]

Kitcher möchte sagen, dass etwas verlorengeht, wenn wir vom Buchstäblichen zum Metaphorischen übergehen –

dass bestimmte Formen des Zuspruchs, die anscheinend verfügbar waren, es dann nicht mehr sind. Dieser »Rückzug« sollte jedoch nicht als ein kontingenter Makel des religiösen Glaubens interpretiert werden – als wären die Gläubigen lediglich auf der Suche nach dem finalen buchstäblichen Hinweis zu des Rätsels Lösung, nach der »großen vereinheitlichten Theorie«, die den Griff zur metaphorischen Redeweise überflüssig machen würde. Vielmehr folgt dieser Rückzug aus der Tatsache, dass Religion *wesentlich* ein Ringen ist – ein Ringen darum, das Explizierbare mit dem Nichtausdrückbaren zu vereinbaren, ein Ringen zwischen dem Mysteriösen und dem Gewussten. Dieses Ringen resultiert nicht daraus, dass der religiöse Glaube unvollständig wäre, so wie Rätselhaftigkeiten in der Wissenschaft daher rühren können, dass eine Theorie unvollständig ist oder wir einfach nicht genug wissen. Nein, dieses Ringen entspringt dem eigentlichen Wesenskern all jener Versuche, die Menschen unternehmen, um in Berührung mit dem Transzendenten zu kommen. Ich kenne keine bessere Formulierung für diese verzwickte Situation als die von Alfred North Whitehead in folgender bemerkenswerten Passage:

> Religion ist die Vision von etwas, das jenseits, hinter und inmitten des vergänglichen Flusses unmittelbarer Dinge liegt; etwas, das real ist und doch auf Realisierung harrt; etwas, das eine entfernte Möglichkeit bildet und doch die bedeutendste der gegenwärtigen Tatsachen ist; etwas, dessen Besitz das höchste Gut ist und doch jenseits allen Zugriffs liegt; etwas, das zugleich höchstes Ideal und hoffnungslose Suche ist.[23]

Whitehead bringt hier nicht nur die dem religiösen Glauben innewohnende Paradoxie zum Ausdruck, sondern er macht auch deutlich, wie grundlegend sich der religiöse

Impuls von der Wissenschaft sowie jedem anderen Unternehmen unterscheidet, das auf Erkenntnis abzielt. Wer verstehen will, was der religiöse Glaube ist, muss diesen Unterschied anerkennen.

3. Identifikation

Religiöse Prinzipien und religiöse Praktiken

Es macht einen Unterschied, ob man das Wesen der Religion als solcher bestimmen möchte oder sagen will, was verschiedene Religionen voneinander unterscheidet. Wenn man den Inhalt einer spezifischen Religion beschreiben möchte, bietet es sich ganz selbstverständlich an, sich ihren Prinzipien, Regeln oder Gesetzen zuzuwenden. In diesem Sinne ließen sich unterschiedliche Varianten des Christentums beispielsweise anhand des kanonischen Rechts der katholischen Kirche oder der 39 Artikel der anglikanischen charakterisieren oder mit Verweis auf das Apostolische Glaubensbekenntnis und die Zehn Gebote zusammenfassen. Die Prinzipien des Islams sind im Koran und der Scharia enthalten und werden manchmal durch die fünf Säulen des Islams versinnbildlicht.

Wie wir gesehen haben, neigen die Neuen Atheisten dazu, sich auf die kosmologischen oder metaphysischen Prinzipien zu konzentrieren, auf die großformatigen Behauptungen über das Wesen des Universums. Daher dreht sich in Richard Dawkins' Buch *Der Gotteswahn* alles um die von ihm so genannte Gotteshypothese beziehungsweise um Argumente für und gegen die Existenz Gottes. Ich habe in Kapitel 2 dafür argumentiert, dass Dawkins' Gotteshypothese den kosmologischen Gehalt religiöser Überzeugungen sowohl unter- als auch fehlbestimmt. Zum einen ist sie auf die Idee der Erschaffung der Welt durch eine »Superintelligenz« fokussiert, wo doch der kosmologische Inhalt der Religion nicht darauf beschränkt und auch gar nicht derartig spezifiziert sein muss. Zum anderen – und wichtiger – habe ich behauptet, dass es ganz irreführend ist, den kosmologischen Gehalt der Religion eine »Hypothese« zu nennen. Wenn eine Hypothese einfach nur eine x-beliebige Tatsachenbehauptung ist, dann ist die Behauptung einer unsichtbaren Ordnung eine Hypothese. In der *Wissenschaft* versteht man unter einer Hypothese jedoch deutlich mehr als eine Tatsachenbehauptung, nämlich etwas, das empirische Daten erklärt und Vorhersagen möglich macht. Diese beiden Eigenschaften gehen den kosmologischen Behauptungen der Religion wie gesagt weitgehend ab.

Aber selbst wenn wir zu einem angemessenen Verständnis der kosmologischen Behauptungen der Religion gelangt sind, wird das nicht die ganze Geschichte über religiöse Prinzipien, Regeln oder Gesetze sein. Viele der eben genannten Prinzipien haben nämlich gar nichts mit Kosmologie zu tun, sondern damit, wie man sein Leben zu leben hat. Schauen wir uns zum Beispiel die fünf Säulen des Islams an. Die erste besagt, dass es keinen Gott außer Gott gibt und dass Mohammed sein Gesandter oder Prophet ist – ohne Zweifel eine Tatsachenbehauptung. Aber die anderen vier haben Gebotscharakter: Muslime müssen fünfmal am Tag beten, sie müssen Almosen geben, sie müssen während des Ramadans fasten, und sie müssen einmal im Leben die Pilgerfahrt nach Mekka (den Haddsch) unternehmen.

Es handelt sich also nur bei einer der fünf Säulen um

eine kosmologische Behauptung: Es gibt keinen Gott außer Gott (was, nebenbei gesagt, keinerlei Aussage über eine Superintelligenz oder Schöpfung beinhaltet). Die anderen sagen dagegen etwas darüber aus, wie sich Muslime zu verhalten haben. Ganz ähnlich hat auch nur eines der Zehn Gebote (»Ich bin der Herr, dein Gott. Du sollst keine anderen Götter haben neben mir«) die Existenz Gottes zum Thema und ist daher kosmologischer Natur – obwohl auch hier weder von Schöpfung noch von Superintelligenz die Rede ist. Im Rest des Dekalogs geht es um den religiösen Kultus (Bilderverbot, Achtung des Feiertags) sowie um Fragen von Moral und Sittlichkeit (Verbot der Tötung, des Ehebruchs, des Trachtens nach Gütern, die anderen gehören, usw.)

Natürlich sind sowohl die fünf Säulen als auch der Dekalog lediglich Kurzzusammenfassungen einige zentraler Bestandteile von Glaubenssystemen, die einen komplexen Gehalt und eine komplexe Geschichte haben. Von Zusammenfassungen sollte man nicht erwarten, dass sie das komplette System abbilden, und selbstverständlich hat das Christentum mehr in Sachen Kosmologie zu bieten als das, was in den Zehn Geboten steht. Schließlich lautet der erste Satz der Hebräischen Bibel: »Am Anfang schuf Gott Himmel und Erde.« Dennoch: Es ist alles andere als nebensächlich, dass der Dekalog und die fünf Säulen häufig als die Kurzversionen der betreffenden Religionen angesehen werden. Warum sollten gerade sie in einem gewissen Sinn das Wesen der Religionen des Alten Testaments und des Islams umreißen? Und welche Schlussfolgerung mit Blick auf das Wesen der Religion im Ganzen sollten wir aus diesem Faktum ziehen?

Einem verbreiteten atheistischen Bild der Religion zufolge ist diese eine Mischung aus Kosmologie und Moral. Die Kosmologie wird beispielsweise von so etwas wie Dawkins' Gotteshypothese zum Ausdruck gebracht; und die Moral besteht (zumindest im Fall des Christentums) in einer Verpflichtung auf so etwas wie die moralischen Elemente des Dekalogs oder die moralischen Lehren Jesu. Die Verbindung zwischen Kosmologie und Moral wird diesem Bild gemäß durch die Idee eines Lebens nach dem Tod gestiftet: Wir müssen uns anständig, das heißt entsprechend den von der Kirche oder der Bibel oder dem Koran formulierten moralischen Grundsätzen benehmen, denn dann werden wir ein ewiges Leben im Himmel an der Seite Gottes haben; tun wir das nicht, erwarten uns ewige Verdammnis und Höllenstrafen. (Erinnern wir uns an Daniel Dennetts Definition von Religionen als »soziale Systeme […], deren Mitglieder sich zum Glauben an einen oder mehrere übernatürliche Akteure bekennen, um deren Anerkennung man sich bemühen muß«.[1])

Ich bin sicher, dass dieses atheistische Bild vom Wesen der Religion vielen bekannt vorkommt. Es ist nicht nur unter solchen Atheisten verbreitet, die die Religion rundherum ablehnen, sondern auch bei einigen derjenigen, die ihr mit Wohlwollen begegnen. Ronald Dworkin – der ein so verständnisvoller Atheist ist, wie man ihn sich nur wünschen kann – schreibt zum Beispiel:

> Die herkömmlichen, theistischen Religionen, mit denen die meisten von uns vertraut sind – das Judentum, das Christentum und der Islam –, setzen sich aus zwei Komponenten zusammen: einem wissenschaftlichen Teil und einem Werteteil. Im wissenschaftlichen Teil werden Antworten auf wichtige Tatsachenfragen gegeben, die die Entstehung und Geschichte des Universums, den Ursprung des menschlichen Lebens und das Leben

nach dem Tod (ob es das gibt oder nicht) betreffen. Diese Antworten besagen, dass ein allmächtiger und allwissender Gott das Universum erschaffen hat [...].
Im Wertebereich einer konventionellen theistischen Religion findet sich ein ganzes Sortiment von Überzeugungen darüber, wie wir unser Leben gestalten und was wir wertschätzen sollten.[2]

Dworkins Bild enthält einen Funken Wahrheit – in der Tat ist bei einer Religion zu unterscheiden zwischen ihren Ansichten über Kosmologie und ihren Ansichten über Lebensführung. Aber das Erste als den »wissenschaftlichen Teil« und das Zweite als den »Werteteil« zu bezeichnen ist irreführend, weil es suggeriert, Religion sei einfach die Kombination aus Kosmologie und Moral, und dazu führt, dass einige zentrale Merkmale von Religion verzerrt dargestellt beziehungsweise ausgeklammert werden.

Anhand der Beispiele, die ich gerade angeführt habe, lässt sich erkennen, warum das so ist. Welche von den nichtkosmologischen Säulen des Islams lassen sich überhaupt den beiden Bereichen Dworkins – dem »wissenschaftlichen Teil« und dem »Werteteil« – zuordnen? Gewiss, dass es keinen Gott außer Gott gibt, ist eine kosmologische Behauptung; und den Bedürftigen Almosen zu spenden ist eine lupenreine moralische Handlung. Doch was ist mit der Pilgerfahrt, dem Fasten und dem Beten? Sind sie Bestandteile der Moral im herkömmlichen Sinn des Wortes? Ganz sicher nicht – Moral, was auch immer sie sonst noch sein mag, hat damit zu tun, wie man andere behandelt. Ihr Thema sind richtige und falsche Handlungen. Bei den Aufforderungen, auf Pilgerfahrt zu gehen, zu fasten und zu beten, geht es darum, wie – in einem weiten Sinn – zu leben sei; es sind keine moralischen Aufforderungen. Nicht jedes Gebot oder jeder Grundsatz, der sich darauf bezieht, wie man sich zu verhalten habe, ist ein moralisches Gebot oder ein Moralprinzip.

Mit Blick auf einige der prägenden Praktiken des Judentums stellt sich die Lage ähnlich dar: die Einhaltung des Sabbats, die Beachtung der Speisegesetze, die Beschneidung von Knaben. Auch wenn es im Judentum eine große Vielfalt doktrinärer und ritueller Traditionen gibt, sind diese Praktiken allen gemein, doch keine davon hat etwas mit Moral oder Kosmologie zu tun.

Man könnte meinen, das Christentum würde sich besser in das Kosmologie-plus-Moral-Schema einfügen lassen. Zwar beinhalten die Zehn Gebote nicht besonders viel Kosmologie, aber dafür versuchen sie in der Tat, moralisches Verhalten ziemlich streng zu regeln: kein Stehlen, Ehebruch und Töten und auch kein Begehren danach. Aber wie passen die Einhaltung des Feiertags oder das Bilderverbot ins Schema? Diese Praktiken scheinen sich keiner der beiden Kategorien, Kosmologie oder Moral, zuordnen zu lassen.

Einen wesentlichen, nicht aus der Bibel stammenden Teil einiger christlicher Konfessionen bildet die Idee des Sakraments. Ein Sakrament gilt als die Manifestation von Gottes Gnade in der Welt, wobei Gnade auf verschiedene Weise definiert wird, beispielsweise anhand der Güte und Barmherzigkeit, die Gott gegenüber der menschlichen Rasse hat walten lassen. Es gibt sieben Sakramente: Taufe, Beichte, Eucharistie, Firmung, Ehe, Weihe und die Krankensalbung, auch bekannt als Sterbesakramente (oder »letzte Ölung«). Einige dieser Sakramente werden im Leben einer Gläubigen nur einmal ausgeführt (die Taufe oder die Firmung, um die eindeutigen Beispiele zu nennen), andere hingegen werden regelmäßig praktiziert (Beichte und Abendmahl). Aber weder haben sie viel mit Moral im üblichen Wortsinn zu tun, noch lassen sie sich umstandslos als Ausdruck kosmologischer Überzeugungen verstehen. Es handelt sich bei ihnen vielmehr um religiöse Praktiken sui generis: eine dritte Kategorie neben kosmologischen Theorien und moralischen Geboten.

Das Kosmologie-plus-Moral-Bild lässt also etwas aus, das anscheinend absolut zentral für diejenigen Religionen ist, die ich hier in Augenschein nehme: *religiöse Praxis*. Eine gläubige Person zu sein heißt auch, bestimmte Dinge zu tun, gewisse Tätigkeiten zu vollziehen, und zwar entweder einmal im Leben (Taufe, Firmung, Haddsch) oder immer wieder in einem bestimmten Rhythmus (rituelle Gebete, Almosenspende, Sabbatruhe). Diese Aktivitäten sind von schlechterdings fundamentaler Bedeutung für alles, was den Namen Religion verdient, aber sie sind keine Sache der Moral oder einfach Ausdruck einer kosmologischen Überzeugung. Der Grund, warum das Kosmologie-plus-Moral-Bild der Religion so unangemessen ist, ist also dieser: Es hat keinen Platz für die religiöse Praxis.

Ritual und Zugehörigkeit

Was genau ist unter religiöser Praxis zu verstehen, und in welchem Zusammenhang steht sie mit dem religiösen Impuls? Um das zu beantworten, müssen wir uns mit zwei offenkundigen und oft übersehenen Merkmalen solcher Praktiken beschäftigen: die Gläubigen erfinden sie im Allgemeinen nicht selbst, und sie üben sie in der Regel gemeinsam mit anderen Gläubigen aus. Gewiss, es gibt das private

Gebet und die einsame Gottesverehrung sowie auch persönliche Erleuchtung und spontane Erfindung. Aber das Paradigma der religiösen Praxis ist die Wiederholung: Man tut etwas, das zuvor schon viele Male getan wurde – und man tut es auf soziale Weise, das heißt zusammen mit anderen Menschen. Diese beiden Merkmale kommen der Religion nicht beiläufig oder zufällig zu, sondern sind Teil ihres Wesenskerns: Sie gehören beide zu dem, was ich als das Element der Identifikation bezeichne.

Die Identifikation mit einer Gruppe verbindet die beiden Merkmale religiöser Praxis, nämlich ihre Wiederholungshaftigkeit und ihren sozialen Charakter. Prinzipiell lassen sich diese beiden Dinge voneinander trennen: Menschen können sich spontan versammeln, irgendwelche Wörter äußern und irgendeine Zeremonie miteinander vollziehen, auch wenn so etwas niemals zuvor gesagt oder getan worden ist. (Vielleicht ist das Pfingstwunder hierfür ein Beispiel.) Und es wäre möglich, dass eine Person gewisse rituelle Worte und Handlungen immer wieder nur für sich selbst wiederholt, ganz alleine, unabhängig von anderen – obwohl mir hierfür kein wirklich gutes, überzeugendes Beispiel einfällt. In den meisten Religionen jedoch ist es entscheidend, dass die von den Gläubigen rezitierten Wörter und Sentenzen zuvor schon viele, viele Male gesagt wurden, und zwar gemeinschaftlich von Mitgliedern einer Gruppe. Aus diesem Grund ist die Identifikation mit einer Gruppe – einer Kirche oder einer Glaubensgemeinschaft – ein wesentliches Element religiösen Glaubens.

Damit kleide ich lediglich in andere Worte, was Emile Durkheim schon vor mehr als hundert Jahren gesagt hat. In seinem Klassiker *Die elementaren Formen des religiösen Lebens* hebt er hervor, dass die Gläubigen nicht nur bestimmten religiösen Überzeugungen anhängen, sondern einer Kirche oder religiösen Gruppe *angehören*: »Die rein religiösen Überzeugungen sind immer einer bestimmten Gemeinschaft gemeinsam, die bekennt, ihnen anzuhängen und die dazugehörigen gemeinsamen Riten zu praktizieren.«[3] Für Durkheim unterscheidet dies Religion von Magie. Magische Überzeugungen können sich in Riten manifestieren und beinhalten den Bezug aufs Übernatürliche. »Aber sie haben nicht die Wirkung, die Menschen, die ihnen anhängen, untereinander zu verbinden und sie in einer gemeinsamen Gruppe, die das gleiche Leben lebt, zu vereinen. *Es gibt keine magische Kirche.*«[4]

Einige Anthropologen, die aus nachvollziehbaren Gründen die weltweite Vielfalt religiösen Glaubens und Praktizierens betonen wollen, haben kein Problem damit, Praktiken als religiöse zu klassifizieren, die Durkheim als magische eingestuft hätte. Daher diskutiert Pascal Boyer Überzeugungen und Praktiken, die sich auf Hexen beziehen und in einigen Teilen Afrikas nach wie vor verbreitet sind, Seite an Seite mit dem Bekenntnis zu Formen des Christentums.[5] Natürlich ist es möglich, Dinge auf diese Weise zu klassifizieren, also religiöse Überzeugungen mit anderen Überzeugungen in Bezug auf Übernatürliches und mit Formen des Aberglaubens in einen Topf zu werfen und das Ganze mit dem Etikett »Religion« zu versehen. Allerdings übersieht man dann geflissentlich die Unterscheidung, die Durkheim im Auge hatte und die aus meiner Sicht von größter Bedeutung ist. Denn ohne sie können wir nicht verstehen, warum die Religion alle Aspekte des Lebens der Gläubigen beherrscht, und zwar in einer Weise, in der die Magie das nicht tut.

Zur genuin religiösen Praxis gehört zwangsläufig Mitgliedschaft oder Zugehörigkeit. Mitgliedschaft wird entweder durch eine Art von Initiationsritus hergestellt oder dadurch, dass man in die fragliche Gruppe hineingeboren wurde. Für viele Menschen ist die Zugehörigkeit zu einer Religion also vergleichbar mit der Zugehörigkeit zu einer Nation oder Ethnie. Unter normalen Umständen hat man weder seine Ethnizität noch seine Nationalität gewählt. Man kann seine Staatsangehörigkeit ablegen, aber Staatsangehörigkeit ist nicht dasselbe wie Nationalität. Nationalität und Religion unterscheiden sich zwar in vielen Hinsichten, aber dennoch glaube ich, dass der Vergleich zwischen beiden nützlich ist, um deutlich zu machen, welche Art von Zugehörigkeit hier zur Debatte steht.

Identifikation, weit gefasst, ist ein ziemlich allgemeines menschliches Phänomen und nicht auf Religiöse beschränkt. Schauen wir uns aber die Weisen an, in denen sich religiöse und nationale Identifikationen manifestieren, so stellen wir fest, dass sie sich in einigen Hinsichten ähneln, in anderen jedoch ganz verschieden sind.

Menschen identifizieren sich nicht zwangsläufig mit ihrer Nation oder Nationalität. Sie können versuchen, sich davon zu lösen, und nicht wenigen gelingt das auch. Wenn sie sich allerdings identifizieren, so resultiert daraus das, was ich Patriotismus nennen würde. Damit meine ich nicht den Glauben an die Überlegenheit des eigenen Landes oder dass mein Land über alle anderen triumphieren sollte. (Für diese häufig eher gefährlichen Ideen können wir stipulativ den Ausdruck »Nationalismus« einführen.) Patriotismus ist vielmehr eine Sache der Identifikation mit Ihrem Land *als dem Ihren*. Er kann sich als Stolz auf Ihr Land zeigen, aber – und das ist ebenso wichtig – auch als Scham. Dasselbe kann bei Religionen passieren – das liberale katholische Milieu, in dem ich aufgewachsen bin, war voller Katholiken, die an der Rolle der Kirche in der Welt schier verzweifelten und von einer besonderen Scham angesichts ihrer Taten erfüllt waren, einer Scham, die von denen, die die Kirche lediglich von außen kritisieren, nicht empfunden werden würde. Bloße Enttäuschung oder Schuldzuweisung impliziert noch keine Scham.

In Debatten über den Patriotismus begegnet man gelegentlich der Ansicht, dass man nicht stolz auf sein Land sein kann, weil man nur auf etwas stolz sein kann, was man selber erreicht hat – vielleicht sogar »per definitionem«. Aber das stimmt nicht: Wenn Leute stolz auf das sind, was ihre Kinder tun, so ist das nicht deshalb der Fall, weil sie denken, dass ihre Kinder in irgendeiner Hinsicht ihre eigene Errungenschaft sind. Gut, es mag Menschen geben, die so denken, jedoch hätten wir es dann klarerweise mit einer narzisstischen und pervertierten Form von Elternliebe zu tun. Echte Liebe zu den eigenen Kindern ist nicht selbstbezogen, und ebenso wenig ist es der echte Stolz auf das, was sie leisten. Analog kann auch der Stolz aufs eigene Land eine mehr oder weniger selbstgefällige Form annehmen, aber er muss nicht die Überzeugung beinhalten, dass man die Dinge, für die man Stolz empfindet, selbst zu verantworten hat.

Vielleicht wird die Sache noch klarer im Fall der Scham – eine Emotion, von der gebildete westliche Liberale womöglich bereitwilliger sagen, dass sie sie gegenüber ihren eigenen Ländern hegen. Viele liberale Amerikaner, die gegen die Invasion des Irak im Jahr 2003 waren, haben ihr Missfallen nicht einfach in Begriffen der Enttäuschung oder moralischen Verurteilung geäußert; viele von ihnen bekundeten, »sich zu schämen, Amerikaner zu sein«. Ebenso in Großbritannien: Der Slogan des 2003er Friedensmarsches – mit rund einer Million Teilnehmern die größte politische Demonstration, die es je auf der Insel gab – lautete »Not in My Name« – »Nicht in meinem Namen«. Das ist eine andere Geisteshaltung als Ächtung oder Enttäuschung, auch wenn diese darin eingeschlossen sind. Vielmehr drückt der Slogan das Gefühl der Demonstranten aus, selbst in irgendeiner Weise in die beschämende Entscheidung für den Krieg hineingezogen zu werden. Wenn man aber nur Scham für die Dinge empfinden könnte, die man höchstpersönlich zuwege gebracht hat, würde das keinen Sinn ergeben, da wir wohl annehmen dürfen, dass keiner der Demonstranten diese Entscheidung gefällt hat. Das Gefühl der Scham rührt meiner Meinung nach daher, dass sich die Protestierenden mit dem Land, dessen Regierung diese Entscheidung getroffen hat, identifizieren.

Ich möchte mit diesen Bemerkungen illustrieren, wie weit verbreitet und natürlich das Phänomen der Identifikation ist. Ich sage nicht, eine Religion zu haben sei dasselbe, wie eine Nationalität, eine Ethnizität oder ein soziales Geschlecht zu haben. Aber es gibt eben diese Ähnlichkeit: Indem man sich mit seinem Glauben oder seiner Kirche identifiziert, betrachtet man sie typischerweise als Teil dessen, was die eigene Identität stiftet. Genau das bedeutet Zugehörigkeit. Um es mit Roger Scruton zu sagen: Mitglied einer religiösen Glaubensgemeinschaft zu sein heißt, in »einem Netzwerk von Beziehungen zu stehen, die weder vertragsförmig noch ausgehandelt sind«.[6]

Identifikation unterscheidet sich vom Ideal der sozialen und politischen Integration, das einem Großteil der zeitgenössischen liberalen politischen Philosophie vorschwebt.

Mit »liberaler politischer Philosophie« meine ich den Versuch, zum richtigen politischen System zu gelangen, indem man über die Beziehungen zwischen den einigermaßen abstrakten Begriffen der Gerechtigkeit, der Freiheit und der Demokratie nachdenkt. Die führende Figur der liberalen politischen Philosophie des 20. und 21. Jahrhunderts ist ohne Frage der US-amerikanische Philosoph John Rawls. Rawls betrachtete Gerechtigkeit als das Zentralkonzept der Politik, wobei er unter »Gerechtigkeit« nicht das von Gerichten gesprochene Recht verstand (bekannt als »Vergeltungsjustiz« oder »retributive« beziehungsweise »ausgleichende Gerechtigkeit«), sondern die korrekte Zu- oder Verteilung von Ressourcen durch den Staat (»distributive Gerechtigkeit«). Rawls argumentierte für zwei Grundsätze der Gerechtigkeit. Der erste Grundsatz besagt, dass jeder den Anspruch auf dieselben Grundfreiheiten hat; dem zweiten Grundsatz zufolge lassen sich Ungerechtigkeiten gleich welcher Art nur dann rechtfertigen, wenn sie den am schlechtesten Gestellten einen Vorteil bringen; zudem sollten sie nur aus Verfahren hervorgehen, in denen Chancengleichheit herrscht.

Rawls gelangte mittels eines genialen Gedankenexperiments zu diesem komplexen Zusammenhang aus Freiheit, Gleichheit und Fairness. Er forderte uns dazu auf, zu überlegen, welche Prinzipien für eine faire Gesellschaft wir wählten, wenn wir nicht wüssten, welche Stellung wir in ihr einnehmen würden. Hinter einem solchen »Schleier des Nichtwissens«, so sein Argument, würden wir uns für die Prinzipien entscheiden, die eine möglichst faire Ressourcenverteilung in der Gesellschaft herbeiführen.

Rawls' Ansatz ließe sich insofern als »rationalistisch« bezeichnen, als er die richtige Form des politischen Lebens als bestimmt durch so etwas wie einen idealisierten rationalen Vertrag ansieht, der auf Basis sehr allgemeiner und abstrakter Prinzipien zustande kommt. Schwierigkeiten hat eine solche rationalistische Philosophie, wenn es darum geht, für jene lebensweltlich überaus zentralen Überzeugungen, Bindungen und Verpflichtungen einen Platz zu finden, die sich nicht aus Grundsätzen der Gerechtigkeit oder Fairness oder irgendeiner Art von rationalem Vertrag ableiten beziehungsweise in deren Begriffen rechtfertigen lassen. Diese Verpflichtungen ergeben sich aus unserer Zugehörigkeit zu sozialen Gruppen, aus den Verantwortlichkeiten, von denen wir fühlen, dass sie wir sie haben, und die mit dem zu tun haben, was Martin Heidegger unsere »Geworfenheit« nannte – dem Faktum, dass wir ungefragt in eine Welt »geworfen« worden sind, die wir nicht selbst fabriziert haben. Einige unserer elementarsten Weisen, sich auf die Welt einzulassen und mit ihr umzugehen, rühren wohl oder übel von diesem Faktum her.[7]

Denken wir zum Beispiel an die Familie. Wir suchen uns unsere Familien nicht aus, und doch haben wir ihren Mitgliedern gegenüber Verpflichtungen und sind mit ihnen auf Weisen verbunden, die für uns tiefer und robuster sind als viele der Bindungen, die wir explizit und informiert eingehen (etwa Arbeitsverträge). Familiäre Beziehungen sind ein Musterbeispiel für Scrutons »Netzwerk von Beziehungen, die weder vertragsförmig noch ausgehandelt sind«. Daher überrascht es nicht wirklich, dass Rawls und seine Anhänger Probleme haben, die Familie in ihre Gerechtigkeitssysteme einzugliedern, denn die Familie ist klarerweise kein Ort der Chancengleichheit und verstößt somit gegen das zweite Gerechtigkeitsprinzip. Wie Rawls sagt, »läßt sich der Grundsatz der fairen Chancen nur unvollkommen durchführen, mindestens solange es die Familie in irgendeiner Form gibt«.⁸

Dieser Punkt bezüglich der Familie steht im Übrigen in einem gewissen Zusammenhang mit einer bekannten Kritik der Neuen Atheisten an der Religion: dass sie Kinder indoktriniere und ihnen Ansichten aufzwinge, bevor sie sich überhaupt entscheiden könnten, ob sie jüdisch, muslimisch oder christlich sein wollen. A.C. Grayling hat beispielsweise behauptet, dass es sich bei den meisten Religiösen um Menschen handelt, denen »übernatürliche Überzeugungen und Aberglauben im Kindesalter eingetrichtert worden sind, als sie noch gar nicht imstande waren, den Wert dessen zu beurteilen, was ihnen als Weltanschauung verkauft worden ist«.⁹ Diese Kritik geht davon aus, dass die Zugehörigkeit zu einer Religion im Idealfall eine Sache der Wahl ist, die als eine rationale Entscheidung, das heißt sozusagen in umfassender Kenntnis der Fakten getroffen werden sollte. Tatsächlich handelt es sich bei dieser Art der Zugehörigkeit aber wohl um etwas, das viel mehr Ähnlichkeit mit jenen Dingen hat, in die man hineinsozialisiert wird, wenn man in einer Familie aufwächst: wie man zusammen isst und sich gegenüber Gästen und Fremden verhält, wie man die älteren Familienmitglieder anspricht, wem man wann zu gehorchen hat und all die anderen Normen und Werte, die bestimmen, wie wir als Familien zusammenleben.

Natürlich gibt es auch hier, wie im Fall der Zugehörigkeit zu einem Land oder zu einer Ethnie, Unterschiede. In vielen Gesellschaften kann man seine Religion aufgeben, so wie man auch seine Familie und seine Staatsbürgerschaft aufgeben kann. Grayling und andere übertreiben gewiss, wenn sie sagen, alle religiösen Ideen würden hilflosen

Kindern so tief eingepflanzt, dass sie sich praktisch nicht mehr entfernen ließen; allerdings kommt ihnen dieses Bild rhetorisch zupass, da es erklärt, warum so viele Millionen Erwachsene an den Religionen, in die sie hineingeboren wurden, festhalten. Mein Haupteinwand ist aber, dass solche Bindungen – auf je unterschiedliche Weise – nicht das Ergebnis einer rationalen Wahl, sondern Teil unserer Geworfenheit als menschliche Wesen sind. In diesem Sinne gleicht die Zugehörigkeit zu einer Religion weniger der zu einer politischen Partei als vielmehr der zu einer Familie. Die Kritiker haben also recht mit ihrem Hinweis, dass Kinder, die religiös aufwachsen, dies nicht aus freien Stücken tun. Jedoch handelt es sich hierbei um eine Einschränkung ihrer Freiheit, die analog zu all jenen Restriktionen ist, die es in familiären Beziehungen gibt. Kinder wählen die von den Eltern auferlegten moralischen oder verhaltensbezogenen Normen nicht und versuchen in vielen Fällen sogar, ihnen zu entkommen. Aber unabhängig davon, ob diese Situation wünschenswert ist oder nicht: Ohne die Zumutung wenigstens einiger solcher Normen könnte die Institution der Familie nicht bestehen.

Mit diesen Bemerkungen beabsichtige ich nicht, die Praxis der religiösen Erziehung von Kindern zu rechtfertigen. Ich möchte lediglich betonen, dass es sich bei dieser Praxis um keine besondere Perversion religiöser Indoktrination handelt, sondern um eine Praxis, die von derselben Art ist wie viele Praktiken, die aus der Geworfenheit des Menschen resultieren. Dies macht auch deutlich, warum die Identifikation mit einer religiösen Gruppe zwar auf einer bewussten Entscheidung beruhen kann, aber nicht muss. Was eine solche Identifikation allerdings tatsächlich beinhaltet, ist eine Aufteilung der Welt – in Katholiken und

Nichtkatholiken, in Juden und Gojim, in Muslime und Nichtmuslime, in Gerettete und Verdammte... in die Ingroup und die Outgroup. (An dieser Stelle ist der Unterschied zum magischen Denken erneut ziemlich evident.) Auch dieser Aspekt der Religion zieht Kritik auf sich: Die Aufteilung der Menschheit in exklusive Gruppen gilt manchen als eine der Ursachen von Konflikten, Gewalt und Grausamkeiten. Welche Rolle die Religion dabei tatsächlich spielt, wird das Thema von Kapitel 4 sein.

Die Identifikation mit einer Insider- und nicht einer Outsider-Gruppe scheint ein wesentliches Merkmal aller Religionen zu sein. Allerdings ist diese Identifikation ziemlich leer, wenn sie nicht mit einer religiösen Praxis einhergeht. Ein gewisses identifikatorisches Element kann zwar auch bei denen bestehen bleiben, die sich an überhaupt gar keiner religiösen Praxis beteiligen; das sind zum Beispiel Leute, die sagen, dass sie Katholiken sind und immer sein werden, auch wenn sie seit Jahrzehnten keine Kirche mehr von innen gesehen haben. Es ist aber nicht klar, wie ernst wir solche Behauptungen nehmen sollten. Tatsächlich ist es nämlich so, dass Sie in die Kirche, den Tempel, die Moschee oder die Synagoge gehen müssen, damit Ihre Identifikation mit einer religiösen Gruppe zu einer *religiösen* Identifikation wird. Dann nämlich werden Sie am Ritus teilnehmen, das heißt an den Routineaktivitäten, die für die Gruppe als ganze typisch sind. Zu tun, was die Gruppe tut, ist keine verzichtbare Zugabe, sondern absolut zentral für religiösen Glauben.

Auch in dieser Hinsicht trägt übrigens der Vergleich mit anderen Formen der Identifikation. Angehöriger einer bestimmten Gesellschaft zu sein heißt, sich an ein breites Spektrum von Normen und Verhaltensregeln zu halten. Einige von diesen hat man explizit gelernt, andere hat man sich in jungen Jahren durch eine Art sozialer Osmose angeeignet. Eines der Ziele dieses Buches besteht in dem Versuch, die atheistische Konzeption der Religion dahingehend zu ändern, dass sie Religion nicht mehr als eine Abnormität menschlicher Gesellschaften begreift, die sich narbenlos beseitigen lässt und auch beseitigt werden sollte. Meine Sicht der Dinge ist näher bei Durkheim: Menschliche Gesellschaften sind durch und durch religiös, sowohl mit Blick auf die in ihnen anzutreffenden menschengemachten Verhaltensweisen und Strukturen als auch mit Blick auf die Spuren, die religiöse Ideen noch in den säkularsten von ihnen hinterlassen haben.

Auch wenn es nicht immer so wirkt: Westliche Intellektuelle neigen sehr leicht dazu, die Wichtigkeit der Zugehörigkeit zu übersehen. Nehmen wir zum Beispiel ein bekanntes Element jener Alternative zum religiösen Glauben, die die Neuen Atheisten vorschlagen: die Hinwendung zur Wissenschaft und zum Wert wissenschaftlichen Wissens. Dawkins und andere heben häufig (und zu Recht) hervor, dass das Streben nach Wissen an sich schon jede Menge Sinn generiert und höchst befriedigend sein kann. Zu entdecken, dass die Welt ein wundervoller Ort ist, und die Prinzipien zu verstehen, von denen sie zusammengehalten wird, kann sehr erfüllend sein. Wie Dawkins sehr leidenschaftlich schreibt:

> Das Gefühl des ehrfürchtigen Staunens, das uns die Naturwissenschaft vermitteln kann, gehört zu den erhabensten Erlebnissen, deren die menschliche Seele fähig ist. Es ist eine tiefe ästhetische Empfindung, gleichrangig mit dem Schönsten, das Dichtung und Musik und die Dichtung uns geben können. Es gehört zu den Dingen, die das Leben lebenswert machen [...].[10]

Mir geht es jetzt nicht um die Frage, ob dieses Staunen beziehungsweise diese Empfindung wirklich all jene zufriedenstellen würde, die nach der Art von Sinn suchen, wie ihn der religiöse Glaube stiften kann. (Ich bezweifle das aus den in Kapitel 1 genannten Gründen.) Vielmehr möchte ich die Aufmerksamkeit auf den Sachverhalt lenken, dass dieser Weg der Sinnfindung durch Wissenschaft sehr häufig seinerseits eine gemeinschaftliche Angelegenheit ist, insofern er auf einer Gemeinschaft von Forscherinnen mit ähnlichen Werten beruht, Werten, mit denen sich Wissenschaftler identifizieren können. Ich verdanke diesen Punkt Philip Kitcher:

> Durch und durch säkulare Gesellschaften können Strukturen enthalten, die es Menschen ermöglichen, sympathetische Beziehungen zueinander aufzubauen, Solidarität unter Kollegen herzustellen, sich über Themen auszutauschen, die sie am stärksten beschäftigen, in gemeinsamer Arbeit Ziele zu identifizieren, die für alle Mitglieder der Gruppe wichtig sind, und diese Ziele auf dem Wege der Kooperation zu erreichen. Die Autoren zeitgenössischer Manifeste, in denen zur Befreiung von religiösen Trugbildern aufgerufen wird, gehören typischerweise professionellen Gemeinschaften an [...]. Indem sie das als selbstverständlich voraussetzen, entgeht ihnen, dass es anderen an solchen säkularen Strukturen mangelt. Darauf konzentriert, weiteres Tatsachenwissen anzuhäufen und eine ganz und gar nachvollziehbare Befriedigung darin zu finden, dieses Ziel mit ihren engsten Kollegen zu teilen, möchten sie, dass das mit dem Faktenverstehen verbundene Entzücken von allen geteilt wird [...], weshalb ihnen der reinigende Fortschritt, die Ersetzung von faktisch falschen religiösen Lehren durch klarsichtige Leugnung, als großer Schritt nach vorn für die Menschheit gilt. In vielen Teilen der reichen Welt und insbesondere in den Vereinigten Staaten existieren jedoch außerhalb von Synagogen,

> Kirchen und Moscheen keine ernstzunehmenden Möglichkeiten zur Gemeinschaftsbildung mit all den Dimensionen, die religiöse Gemeinden anzubieten imstande sind.[11]

Kitcher arbeitet sehr schön heraus, wie ein tiefes Verstricktsein in den eigenen Lebensstil für gerade die Merkmale blind machen kann, die es einem ermöglichen, Befriedigung aus Tätigkeiten wie dem Streben nach wissenschaftlichem Wissen um seiner selbst willen zu ziehen. Einer akademischen Gemeinschaft anzugehören (einer Universität zum Beispiel) mag nützlich erscheinen, aber nicht wie etwas, das über den Wert, den dieses Streben für Ihr Leben hat, mitentscheidet. Und ganz gewiss können Menschen auch außerhalb von irgendwelchen institutionalisierten gemeinschaftlichen Strukturen auf die Jagd nach Wissen gehen – zumal im Zeitalter des Internets. Dennoch lohnt es sich, einen Augenblick darüber nachzudenken, wie sich das faktisch bewerkstelligen ließe ohne die Form und die Unterstützung einer Gemeinschaft gleichgesinnter Individuen – zu der viele der Neuen Atheisten leichten Zugang haben. Man teilt seine Ideen mit anderen, die ähnliche Ziele verfolgen; man erklärt sich wechselseitig Dinge, die man nicht versteht; man nimmt an Konferenzen mit intelligenten, gut ausgebildeten Leuten teil, die das, was man tut, zu würdigen wissen; man publiziert in angesehenen Fachzeitschriften und Verlagen; man wird für seine Arbeiten geachtet und gelobt; und so weiter. Die Suche nach Wissen, die Dawkins und andere (richtigerweise) so hochschätzen, findet innerhalb eines sehr stabilen und verfeinerten sozialen Bezugssystems statt; und für viele Menschen bezieht sie einen Teil ihres Wertes sicherlich aus der Positionierung in ebendiesem System. Wie könnte die Wissenschaft das Leben von Wissenschaftlerinnen mit Sinn erfüllen, wenn diese nicht zu einer Gemeinschaft der Wissenschaftlerinnen gehören würden? Ich halte das für eine sehr gute Frage, die sich gar nicht so leicht beantworten lässt.

Erst über längere Zeiträume hinweg erlangen Institutionen einen Großteil der Bedeutung, die sie für uns haben. Es dauert, bis wir eine Praxis innerhalb einer Institution wertschätzen. Religiöse Institutionen sind diesbezüglich Musterbeispiele. Wie zu Beginn dieses Abschnitts erwähnt, haben in wichtigen religiösen Traditionen bestimmte Praktiken – die Worte, die gesprochen, die rituellen Handlungen, die vollzogen werden – typischerweise eine lange Geschichte. Aber warum ist dieser Sachverhalt so wichtig für religiöse Gemeinschaften? Aus meiner Sicht gibt es mindestens zwei Gründe. Zum einen ist das Sprechen der über all die Jahre tradierten Gebetsformeln ein Weg für die Gläubigen, sich mit ihrer religiösen Gemeinschaft in der Vergangenheit zu verbinden, und zwar im Wissen um die gemeinsame Suche nach Sinn und Bedeutung. Das ist, um es noch einmal zu sagen, ganz ähnlich wie bei anderen sozialen Praktiken, bei denen Wiederholung häufig eine wichtige Rolle spielt. Die Wörter, die wir äußern, bevor wir zu essen beginnen oder wenn wir uns begegnen, die Handlungen, die wir vollziehen, wenn wir das Haus eines anderen betreten – all diese Dinge, die uns so in Fleisch und Blut übergegangen sind, dass wir sie kaum noch wahrnehmen, sind Akte der Wiederholung, die unserer alltäglichen Gemeinschaftserfahrung eine Struktur verleihen.

Es gibt natürlich Fälle, wo religiöse Revolutionen versuchen, die jahrzehnte- oder jahrhundertelang praktizierten Riten zu kippen und durch überlegene, oftmals »purifizierte« Praktiken zu ersetzen. So geschehen im Zuge der protestantischen Reformation, um ein prominentes Beispiel zu nennen. Auch gibt es religiöse Bewegungen, die auf eine »Erneuerung« der Gläubigen durch Taufe oder »Wiedergeburt« aus sind. Die Pfingstbewegung mit über 500 Millionen Anhängern weltweit ist hierfür ein gutes Beispiel – und für ihre Gottesdienste sind spontane Predigten und Gebete sowie »Zungenreden« typisch. Wir sollten also keinesfalls behaupten, dass ausnahmslos jede Religion nur mit Vokabeln und Zeremonien arbeiten kann, die schon vorher in Gebrauch waren, zumal diese Rituale ja irgendwo ihren Anfang haben müssen! Und dennoch ist es oftmals ein wichtiges Merkmal von religiösen Revolutionen, dass sie die *Rückkehr* zu einer früheren, reineren oder ursprünglicheren Version einer Lehre anstreben – was insbesondere auf die Pfingstler zutrifft.

Der zweite Grund, warum die Wörter und Sätze, die Gläubige in rituellen Kontexten äußern, häufig eine lange Geschichte haben, hängt damit zusammen, dass die Wiederholung dieser – oft seltsamen, archaischen und nur teilweise nachvollziehbaren – Formeln der Versuch ist, sich nicht nur mit den Gläubigen früherer Zeiten und den anderen Anhängern ihrer Religion zu verbinden, sondern außerdem noch mit etwas Außeralltäglichem: mit dem von mir so genannten Transzendenten. Riten, in denen spezielle Wörter gesprochen oder gesungen werden, sind in allen religiösen Traditionen verbreitet. Diese Wörter sollen nicht nur eine rückwärtsgewandte Verbindung zur Tradition herstellen, in der sich die Gläubigen sehen, sondern auch eine sozusagen nach außen gerichtete Verbindung, eine, die den Kontakt herstellt zur verborgenen, unsichtbaren Ordnung jenseits des weltlichen Erfahrungshorizonts. Dieser Aspekt der religiösen Praxis wird unser Schlüssel sein, um zu verstehen, wie die beiden essenziellen Elemente religiösen Glaubens – der religiöse Impuls und die Identifikation – zusammenpassen. Darum wird es als Nächstes gehen.

Das Heilige

Zunächst gilt es, eine wichtige Tatsache nochmals festzuhalten: Im Leben eines Gläubigen müssen nicht beide Elemente religiösen Glaubens gleichermaßen vorhanden sein. Es kann Gläubige geben, die zwar den religiösen Impuls haben, sich aber an keiner entsprechenden Praxis beteiligen; und es kann andere geben, die an religiösen Praktiken partizipieren, aber überhaupt keinen Sinn fürs Transzendente haben oder keinerlei Interesse daran. Ich behaupte allerdings, dass in genuinem religiösen Glauben sowie in den religiösen Traditionen, die ich in diesem Buch behandle, beide Elemente zusammenkommen.

Warum ist das so? Worin besteht die Verbindung zwischen diesen Elementen? Gibt es gar irgendeine Form von begrifflichem beziehungsweise intelligiblem Zusammenhang, oder haben wir es hier lediglich mit einem kontingenten, historisch gewachsenen Durcheinander zu tun? Meine Antwort lautet, dass die Verbindung zwischen religiösem Impuls und Identifikation durch die Idee des Heiligen gestiftet wird. Wieder einmal war es Durkheim, der uns die Vorstellung näher gebracht hat, dass das Heilige ein Charakteristikum der Religion ist. Ihm ist aufgefallen, dass die Unterscheidung zwischen heiligen und nichtheiligen (»profanen«) Dingen in allen Religionen einen zentralen Platz einnimmt; und er definierte eine Religion als »ein solidarisches System von Überzeugungen und Praktiken, die sich auf heilige [...] Dinge [...] beziehen«.[12]

Durkheims Beschäftigung mit dem Heiligen bleibt auch nach mehr als hundert Jahren eine der fruchtbarsten Auseinandersetzungen mit der Religion. Als heilige Dinge, so hebt er hervor, kommen nicht ausschließlich »jene persönlichen Wesen« infrage, »die Götter oder Geister genannt werden«, nein, alles Mögliche kann heilig sein: »Ein Fels, ein Baum, eine Quelle, ein Kiesel, ein Stück Holz, ein Haus [...].«[13] Heilige Dinge müssen keine konkreten materiellen Gegenstände sein: Wörter, Sprüche und Formeln, die von zahllosen Menschen über die Jahrhunderte gesprochen wurden, zählen zu den bekanntesten heiligen Objekten.

Durkheim dachte, es handele sich beim Heiligen um »abgesonderte und verbotene Dinge, Praktiken und Überzeugungen«.[14] Die Verbote beziehen sich darauf, wie mit einer heiligen Sache nicht umgegangen werden darf, nämlich so, »als sei sie Teil des gewöhnlichen Gerüsts der Natur«, wie Scruton es ausdrückt.[15] Dann nämlich würde man sie profanieren; oder schlimmer noch: schänden – und zwar nicht, weil heilige Dinge als irgendwie »mächtiger« oder grandioser oder erhabener als profane Dinge gelten. Wie Durkheim beobachtet, können Gläubigen ein sehr entspanntes und bodenständiges Verhältnis zu heiligen Dingen (wie Amuletten, Kruzifixen, Rosenkränzen usw.) haben. Entscheiden ist allerdings, dass die Unterscheidung zwischen dem Heiligen und dem Profanen absolut, exklusiv und erschöpfend ist. Ein einzelnes Ding oder ein bestimmter Typus von Dingen ist entweder heilig oder profan, nie aber beides zugleich. Durkheim sagt, das Heilige und das Profane seien wie »zwei Welten«, »zwischen denen es nichts Gemeinsames gibt«, aber es ist nicht nötig, eine derart extreme Behauptung aufzustellen. Wenn ein Kirchengebäude säkularisiert wurde, ist es in der wichtigsten aller Hinsichten keine Kirche mehr, hat aber nach wie vor jede Menge mit ihr gemeinsam (die Steine, aus denen sie erbaut wurde, zum Beispiel). Wenn aber etwas eine Kirche *ist*, dann kann die Sache selbst (im Unterschied zu einigen ihrer Teile) nicht auch profan sein. Und es gibt nichts, das weder heilig noch profan ist.

Ziehen wir ein Beispiel aus Durkheims Liste heran – ein Gebäude beziehungsweise ein »Haus« –, um dies besser zu verstehen. Die heiligste Stätte (und das heiligste Objekt) des Islams ist die Kaaba in Mekka: ein kleines würfelförmiges Gebäude, etwas über 13 Meter hoch, das es schon vor Mohammed gab (der um 600 n. Chr. lebte) und um dessen Ursprünge sich allerlei Legenden ranken. Sie wird »Haus Gottes«, »Haus des Gottesdienstes« oder »Heiliges Haus« genannt. Alle Muslime müssen sich bei jedem ihrer Gebete nach der Kaaba ausrichten, und sie müssen sie im Rahmen des Haddsch, der obligatorischen großen Pilgerfahrt nach Mekka, zusammen mit anderen Gläubigen siebenmal gegen den Uhrzeigersinn umrunden.

Rein materiell betrachtet, ist die Kaaba ein ziemlich gewöhnliches, wenn auch sehr schönes Objekt. Ihre Rolle im Islam macht sie jedoch zu etwas absolut Einzigartigem. Jeden Tag richten sich Millionen von Menschen physisch und gedanklich nach Mekka und daher in Richtung dieses Objekts aus, wenn sie beten. Aufgefordert, die Bedeutung solcher Dinge wie der Kaaba in Begriffen zu erklären, die auch für die in der westlich-atheistischen Denktradition Sozialisierten nachvollziehbar sind, ist man vielleicht versucht, von Aberglauben zu sprechen oder von einem Objekt, dem magische Kräfte zugeschrieben werden. Als magisch gilt ein Objekt dann, wenn es über Kräfte verfügt, die Veränderungen in der Welt bewirken können, für die es keine mögliche wissenschaftliche Erklärung gibt. Magische Objekte haben per se etwas Besonderes an sich.

Heilige Objekte wie die Kaaba sind etwas anderes als magische Objekte, und zwar in jeder Hinsicht. Nehmen wir als Beispiel die bekanntesten heiligen Objekte: heilige Schriften. Die Anhänger der klassischen Buchreligionen (Juden, Christen und Muslime) zentrieren ihre Riten und religiösen Praktiken auf Texte, die als heilig verehrt werden: die Tora, die Bibel und den Koran. Diese sind sozusagen in zwei Dimensionen heilig. Auf der einen Seite sind da die faktischen Wörter als solche, das heißt der abstrakte Text, der gesprochen oder geschrieben werden kann, losgelöst von den einzelnen konkreten, das heißt materiellen Exemplaren dieser Bücher, die es auf der anderen Seite aber eben auch gibt. Das Äußern der heiligen Wörter spielt eine Rolle in Gebeten und Riten, und die Textsammlungen selbst gelten ebenfalls als heilig. Infolgedessen gibt es Flüche und gotteslästerliche Rede. Jedoch werden auch die einzelnen materiellen Ausgaben der Texte, die Bücher als Bücher, als heilig betrachtet, wie man daran sehen kann, dass sie entweiht werden können. Wird ein solches Buch verbrannt, bespuckt oder auf andere Weise besudelt, kann das für einen Gläubigen eine echte Zumutung und Beleidigung darstellen.

Es gibt nichts, was im Falle der magischen Objekte einer solchen Entweihung gleichkäme. Und es ist kein Bestandteil genuin religiösen Glaubens, dass ein heiliger Text über magische Kräfte verfügt. Keine orthodoxe Christin denkt, die heilige Bedeutung der Bibel sei darin begründet, dass sie dazu benutzt werden kann, Dinge zu tun, die den Naturgesetzen in einer Weise zuwiderlaufen, wie es magischen Objekten unterstellt wird. An dieser Stelle ist erneut darauf hinzuweisen, dass wir mit Blick auf das Wesen der Religion etwas sehr Wichtiges verfehlen, wenn wir ihr Hauptmerkmal in dem sehen, was sie mit Magie gemein hat – dem »Übernatürlichen«.

Was genau ist diese wichtige Sache? Ich will es so sagen: Heilige Dinge spielen zwei Rollen in der religiösen Praxis: eine interne und eine externe. Die interne Rolle, wie ich sie nenne, kommt den Dingen zu, die innerhalb und außerhalb eines religiösen Ritus religiöse Bedeutung tragen. Das Kreuz, die Torarollen, die Kaaba – diese Objekte sind insofern von essenzieller Bedeutung für die Riten, als diese ohne jene nicht das sein könnten, was sie sind. Zudem fungieren solche Objekte für die Gläubigen häufig als ein Mittel, um auch ihr restliches Leben mit dem Heiligen in Kontakt zu halten. Das ist der Grund, warum orthodoxe Juden beim Beten Gebetsriemen (Tefilin, auch Phylakterien genannt) mit ledernen Kapseln am Körper tragen, die auf Pergament geschriebene Verse aus der Tora enthalten, und manche Christinnen Halsketten mit Kreuz-Anhängern. Diese Objekte stehen für das religiöse Streben, »die Gesamtheit des menschlichen Lebens in den Bereich des Heiligen zu rücken«, wie Karen Armstrong es formuliert.[16] Und sie tun dies aufgrund ihrer Bedeutung beziehungsweise, wie Philosophen sagen würden, aufgrund ihrer *Intentionalität* – der Tatsache, dass sie über die materielle Realität hinaus auf die begehrte transzendente Realität verweisen. Scruton drückt es wie folgt aus:

Heilige Objekte, Wörter, Tiere, Zeremonien, Orte scheinen allesamt am Horizont unserer Welt zu stehen und sowohl auf das zu schauen, was nicht von dieser Welt ist, weil es zur Sphäre des Göttlichen gehört, als auch in unsere Welt, um uns von Angesicht zu Angesicht zu begegnen.[17]

Ich beschreibe all dies natürlich vom Standpunkt des Gläubigen aus; meiner Ansicht nach gibt es keine transzendente Realität. Doch genau auf sie zielt das Heilige ab, ob es sie nun gibt oder nicht. Daher ist hier das Konzept der Intentionalität nützlich.

Der philosophische Begriff der Intentionalität, der seinen Ursprung in den Werken Franz Brentanos und Edmund Husserls hat, bezeichnet die Eigenschaft von Dingen (womit in der Regel das Mentale oder mentale Zustände gemeint sind), sich auf etwas außerhalb von ihnen selbst richten zu können. Die Intentionalität von Gedanken und Überzeugungen besteht in ihrer repräsentationalen Kraft – der Tatsache, dass jeder Gedanke und jede Überzeugung *von* etwas handelt oder *über* etwas ist. Die Intentionalität eines Wunsches oder einer Hoffnung besteht darin, dass ein Wunsch oder eine Hoffnung immer ein Wunsch *nach* oder eine Hoffnung *auf* etwas ist; Analoges gilt für andere mentale Zustände. Interessanterweise kann sich diese »Gerichtetheit« der Intentionalität auf etwas richten, das nicht existiert. Während ein Pfeil nicht auf etwas zielen kann, wenn es kein Ziel gibt, kann sich ein Gedanke auf einen Gegenstand beziehen, auch wenn dieser nicht existiert, wie auch ein Wunsch nach etwas verlangen kann, das es gar nicht gibt.

Die interne Rolle heiliger Objekte besteht darin, über sich selbst hinaus auf das Transzendente zu verweisen. Das Kreuz verweist auf die Rettung der Menschheit, für die es steht, auf das Opfer, das Jesus aus Sicht der Gläubigen erbracht hat, um die Menschheit von ihren Sünden zu erlösen. Der Koran verweist durch seine Maximen und Gebote auf den Willen Allahs; die Bücher der Tora verweisen auf die besondere Rolle des jüdischen Volkes entsprechend seiner dort geoffenbarten Geschichte und Gesetze. Die interne Bedeutung dieser Objekte besteht stets darin, irgendetwas über die transzendente, unsichtbare Ordnung preiszugeben, und sie sind wichtig, weil sie Teil der Alltagswelt sind, aber zugleich über diese hinaus auf etwas Nichtalltägliches verweisen, das allem und jedem Sinn verleiht. Sie stehen, in den Worten Scrutons, »am Horizont unserer Welt«.

Atheisten sind in der Lage, eine kohärente Beschreibung heiliger Objekte in Begriffen ihrer Intentionalität, ihres Verweisens über das Alltägliche hinaus zu liefern, auch wenn sie nicht glauben, dass es überhaupt etwas gibt, auf das diese Objekte verweisen. Tatsächlich gehört das Verlangen nach Objekten, die auf etwas Außeralltägliches gerichtet sind, zu den bekanntesten und verständlichsten Bedürfnissen, dem religiöse Praktiken und Zeremonien nachzukommen versuchen. In einem Brief an einen Freund berichtet der britische Historiker Hugh Trevor-Roper angewidert von einer säkularen Beerdigung:

> Wir standen schweigend um den Sarg im Krematorium herum. Kein Geistlicher, keine Musik, kein vernehmbarer Laut. Dann plötzlich tat sich der Boden auf und, schwupps: Weg war der Sarg! Also trotteten wir still und leise von dannen. Ich hoffe inständig, dass mein Ehrendoktor in Theologie zumindest dafür gut ist, meinen Körper vor einer solch unwürdigen Entsorgung zu bewahren: wie Abfall in den Gully gespült.[18]

Den Sarkasmus beiseite, bringt Trevor-Roper hier ein echtes Bedürfnis nicht nur von religiösen Menschen zum Ausdruck: dass die wichtigen Augenblicke in einem Leben auf ernste und feierliche Weise als solche markiert werden sollten. Nirgends wird das deutlicher als an Bestattungsriten, was nicht sonderlich überrascht, denn das Geheimnis des Lebens wird in der Begegnung mit dem Tod auf besonders eindringliche Weise thematisch. Selbst einige Atheisten werden das bei diesen Gelegenheiten spüren: Diese Menschen waren da, und nun sind sie weg, auf Nimmerwiedersehen. Wie kann das sein?

Kommen wir nun zur zweiten, zur – wie ich sie genannt habe – externen Rolle heiliger Dinge. Sie besteht darin, die Mitglieder einer Religion zu einer Einheit zu formen. Diese Einheit wird dadurch hergestellt, dass sich alle Mitglieder auf denselben Katalog heiliger Dinge festlegen. Eine Kirche ist laut Durkheim »[e]ine Gesellschaft, deren Mitglieder vereint sind, weil sie sich die heilige Welt und ihre Beziehungen mit der profanen Welt auf die gleiche Weise vorstellen und diese gemeinsamen Vorstellungen in gleiche Praktiken übersetzen«.[19]

Es mag sein, dass nichts weiter als ein Bekenntnis zu denselben heiligen Texten (erinnern wir uns an die Pfingstler) eine Kirche oder Religion zusammenhält. Es können aber auch einige Objekte oder Objekttypen dabei im Spiel sein (die Kaaba, die heiligen Kühe der Hindus). Erneut gibt es einen markanten Kontrast zur Magie. Magie hat »nicht die Wirkung, die Menschen, die [ihr] anhängen, untereinander zu verbinden und sie in einer gemeinsamen Gruppe, die das gleiche Leben lebt, zu vereinen«, und: »Der Magier hat eine Kundschaft und keine Kirche, und seine Kunden brauchen untereinander keine Beziehungen zu haben, so daß sie sich oft gar nicht kennen. Selbst die Beziehungen, die sie mit ihm haben, sind im allgemeinen zufällig und vorübergehend; sie ähneln den Beziehungen eines Kranken mit seinem Arzt.«[20]

Das Heilige ist somit dasjenige, was die beiden Elemente des religiösen Glaubens, die das Zentrum dieses Buches bilden, miteinander verbindet: den religiösen Impuls und Identifikation. Bei heiligen Dingen handelt es sich zum einen um Objekte, die eine religiöse Gemeinschaft sowohl über die Zeit als auch zu einer bestimmten Zeit zusammenhalten, und zwar vermittels religiöser Praktiken, die um sie herum entwickelt wurden; zum anderen verweisen diese Objekte aufs Transzendente, was auch immer darunter zu verstehen ist.

Aus dem Gesagten ergibt sich, dass diejenigen Atheisten, die meinen, eine Idee des Heiligen retten zu können, entweder falschliegen oder den Begriff vollkommen anders verwenden.[21] Gelegentlich tragen Atheisten die Behauptung vor, dass auch sie einen Anspruch auf heilige Dinge haben. Simon Blackburn zum Beispiel beschwert sich über die »religiöse Inbesitznahme des Heiligen« und sagt: »Etwas als heilig zu betrachten heißt, es als Markierung einer Grenze des Erlaubten zu verstehen.«[22] Das stimmt, aber es gibt viele Möglichkeiten, eine solche Grenze zu ziehen, ohne dass dabei das Heilige in irgendeinem nennenswerten Sinn ins Spiel kommt – moralische Verbote oder andere Tabus ziehen scharfe Grenzen, bei denen es sich aber nicht um welche zwischen dem Heiligen und dem Profanen handelt. Wenn Atheisten sagen, bestimmte Dinge seien heilig, dann meinen sie normalerweise damit, dass sie sehr kostbar sind oder eine besondere Bedeutung oder Wichtigkeit besitzen, die über die Freude, die der momentane Umgang mit ihnen bereitet, hinausgeht. Jedoch ist der Begriff des Heiligen, mit dem ich hier im Anschluss an Durkheim und andere von ihm beeinflusste Autoren operiert habe, etwas ganz anderes. Zum Heiligen, so wie ich es verstehe, gehören ganz wesentlich eine religiöse Praxis oder ein Ritus sowie das intentionale »Verweisen« aufs Transzendente. Nichts von dieser Art kann Bestandteil eines atheistischen Weltbilds sein.

4. Religion und Gewalt

Gräuel

Auf dem Höhepunkt einer Serie religiös motivierter Morde, die in der Mitte des ersten Jahrzehnts des 21. Jahrhunderts im Irak stattgefunden hat, wurden regelmäßig zwischen 50 und 100 Tote pro Tag in den Straßen Bagdads gefunden. Als symbolische Vergeltung für die von sunnitischer Seite begangenen Gräueltaten legten die schiitischen Killer die Körper ihrer Opfer häufig in den Kratern ab, die von Autobomben des Terrornetzwerks Al-Qaida in die Straßen gerissen worden waren. Eine bevorzugte Tötungsmethode war die Perforation des Schädels mit einer Bohrmaschine. Ein Mann, der gemeinhin als verantwortlich dafür gilt, dass der alte Konflikt zwischen Schiiten und Sunniten im Irak wieder aufgeflammt ist, der mörderische Abu Musab al Zarqawi, wurde 2006 durch einen Luftschlag der US-Streitkräfte getötet. Im Anschluss daran formierten sich seine Anhänger zum selbsterklärten Islamischen Staat (IS). Seit sich der IS 2014 in Syrien und im Irak festgesetzt hat, tötet er seine Opfer bei lebendigem Leib durch Enthaupten, Ertränken und Verbrennen; darüber hinaus werden diese Morde gelegentlich gefilmt, damit alle Welt sie via Internet sehen kann.

Was soll man zu dieser entsetzlichen Lage der Dinge sagen? Wie sie verstehen? Das sind äußerst akute Fragen für diejenigen, die sich mit Religion beschäftigen und auch begreifen wollen, welche Rolle sie in unserer heutigen Welt spielt, weil viele Atheisten meinen, bei dem genannten Sachverhalt – und vielen anderen, die ebenso schrecklich sind – handele es sich letztlich um eine religiöse Angelegenheit. Exemplarisch ist Richard Dawkins' Reaktion: »Der Irak versank als Folge der amerikanisch-britischen Invasion 2003 in einem sektiererischen Bürgerkrieg zwischen Sunniten und Schiiten. Es ist eindeutig ein religiöser Konflikt [...].«[1] In den letzten Jahren hat die sogenannte islamistische Gewalt die Politiknachrichten rund um die Welt beherrscht; und es ist durchaus vertretbar, die Leidenschaft, die einige der Neuen Atheisten an den Tag legen, auch als Reaktion auf die Terroranschläge vom 11. September 2001 zu erklären. Viele der Antireligiösen legen jedoch großen Wert auf die Feststellung, dass die tiefere Erklärung für diese Dinge bei der *Religion*, und nicht nur beim Islam, zu suchen sei, und ich werde sie hier beim Wort nehmen. Das heißt, ich werde weder über diejenigen sprechen, die den Islam als eine exzeptionell gewalttätige Religion herausstellen, noch werde ich die islamfeindlichen Kommentare einiger Neuer Atheisten behandeln oder darüber spekulieren, ob es bei den anderen unter ihnen verdeckte islamfeindliche Motive gibt. Mich interessieren hier lediglich solche Stimmen, denen zufolge sich die Probleme der Welt auch beziehungsweise maßgeblich auf die Religion zurückführen lassen. Der Islam ist ein Beispielfall, es geht jedoch um ein Muster, das angeblich bei den anderen Konfessionen ebenfalls zu finden sei. In diesem Sinne schreibt Dawkins:

> In Nordirland werden die Katholiken beschönigend zu »Nationalisten« und die Protestanten zu »Loyalisten«. […] Sogar die ursprüngliche Verwendung des Begriffs [»ethnische Säuberung«] im früheren Jugoslawien ist unter Umständen eine Beschönigung der religiösen Säuberung unter Beteiligung orthodoxer Serben, katholischer Kroaten und muslimischer Bosnier.²

Christopher Hitchens macht in seinem bekannten Buch *Der Herr ist kein Hirte* exakt denselben Punkt mit Blick auf die beiden genannten Fälle.³

Die jüngsten Gräueltaten sind aus Sicht dieser Autoren lediglich Fälle eines allgemeinen Musters, das sich durch die ganze Menschheitsgeschichte zieht. Die Gewalt und Zerstörung im Namen der Christenheit hat eine lange Geschichte: die Kreuzzüge im Mittelalter, die Spanische Inquisition im 15. und die französischen Religionskriege im 16. Jahrhundert, der Dreißigjährige Krieg (1618-1648), der die Bevölkerung Mitteleuropas um ein Drittel reduzierte und zur Zerstörung zahlloser Städte und Gemeinden führte, die über Jahrhunderte von Christen betriebene Verfolgung und Massakrierung der Juden – die Reihe ließe sich natürlich problemlos fortsetzen. So gesehen liegt es auf der Hand, warum Leute sagen, die Geschichte Europas im zweiten Jahrtausend christlicher Zeitrechnung sei eine Geschichte religiöser Gewalt.

Nicht minder entsetzlich ist allerdings die Geschichte großformatiger nichtreligiöser Gewalt und Grausamkeit, und auch diesbezüglich fallen einem sofort einschlägige Beispiele ein: die Ermordung der Ureinwohner Mittelamerikas durch die spanischen Eroberer, der Sklavenhandel, die Auslöschung der Aborigines Tasmaniens durch die britischen Kolonisten, das Massaker an den Armeniern durch die Türken 1915, das Abschlachten von hunderttausenden von Chinesen durch die Japaner in Nanking 1937, der Genozid von Ruanda 1994, dem über eine Million Menschen zum Opfer fielen. Und dann gibt es ja auch noch die anderen monströsen Großverbrechen des 20. Jahrhunderts: den von den Nazis organisierten Holocaust und die Massenmorde, die auf das Konto der kommunistischen Regime in China und der Sowjetunion gehen. Wie im Fall der religiös motivierten Gewalt scheint es also auch hier keinen Mangel an Beispielen zu geben.

Einige Autorinnen, die der Religion gegenüber wohlgesinnter sind, versuchen aus diesen Beispielen das Argument zu entwickeln, dass die Religion nicht wirklich die Wurzel aller Übel ist und dass selbst die sogenannten religiösen Konflikte in Wahrheit eine nichtreligiöse Ursache haben. Karen Armstrong verfolgt die Spur menschlicher Gewalt bis zu den Anfängen agrarischer Gesellschaften und der Akkumulation von Vermögen zurück; diese Dinge, so sagt sie, seien für eine Erklärung der schlimmen Lage, in der wir stecken, von deutlich größerer Bedeutung.[4]

Ein weiterer Ansatzpunkt für eine nicht aufs Religiöse eingeschränkte Erklärung religiös motivierter Gewalt wird vom Konzept der Identifikation nahegelegt, das ich in Kapitel 3 skizziert habe. Menschen haben die Neigung, sich zu Gruppen zusammenzuschließen, die sich explizit in Opposition zu anderen Gruppen definieren, welche sie nachfolgend zu zerstören oder zu unterwerfen suchen; dies ist eines der typischen Merkmale vieler menschlicher Gesellschaften. Tatsachen wie diese bedeuten allerdings nicht, dass die Religion komplett außen vor ist, also keine besondere, spezifisch *religiöse* Rolle spielt, wenn es um die Erklärung von Gewaltepisoden geht. Es wäre völlig falsch, die

Rolle, die die Religion bei der Entfachung der Leidenschaften spielt, welche Menschen dazu bringen, die zuvor beschriebenen Gewalttaten zu begehen, wegerklären oder eliminieren zu wollen. Die Frage ist vielmehr: Was ist das für eine Rolle?

Auf die eine oder andere Weise ist jede der drei monotheistischen Religionen von Anfang an eng mit Gewalt verbunden – mit Blick auf ihre Gründungsmythen, ihre reale Geschichte oder beides. Recht früh im 1. Buch Mose wird die erste signifikante menschliche Handlung nach Adams Ungehorsam geschildert: die Ermordung Abels durch seinen Bruder Kain. Die Frühgeschichte des Judentums, wie sie in der Hebräischen Bibel geschrieben steht, ist eine von Massaker und Exil, von Vergewaltigung und Rache. Die gewalttätigen Anfänge des Islams sind weniger eine Sache von heiligen Texten als von realen historischen Ereignissen. Die frühen Kämpfe, die Mohammed mit den in Arabien ansässigen Stämmen auszufechten hatte, veranlassten ihn dazu, im Jahr 627 ein Massaker zu befehlen, im Zuge dessen die 700 jüdischen Männer der Banū Quraiza getötet und die Frauen und Kinder dieses Stamms versklavt wurden. Im historischen wie spirituellen Zentrum des Christentums steht die Kreuzigung, eine besonders scheußliche Form der Hinrichtung, die in den Texten und Kunstwerken christlicher Tradition bis ins grausamste Detail dargestellt wird.

Angesichts der Gewalt im Herzen der monotheistischen Religionen mag es nicht sonderlich überraschen, dass ihre Tendenz zur Gewaltverursachung einer der Hauptpunkte ist, die die Kritiker gegen sie ins Feld führen. Hitchens meint dazu: »*Die Religion vergiftet alles.* Sie gefährdet nicht nur die Zivilisation, sondern auch das Überleben der Menschheit.«[5] Religion ist »gewalttätig, irrational und intolerant, steht im Bund mit Rassismus, Stammesdünkel und der Bigotterie, lehnt in ihrer Intoleranz die freie Forschung ab, verachtet Frauen und züchtigt Kinder«; da sie außerdem noch sektiererisch ist, »hätte sie allen Grund für ein schlechtes Gewissen«.[6] Sam Harris geht sogar noch weiter und behauptet: »Ein Blick ins Geschichtsbuch oder auf die Seiten einer beliebigen Tageszeitung verrät, dass Vorstellungen, die eine bestimmte Menschengruppe von einer anderen trennen, nur um sie in Blutbändern wieder zusammenzuführen, ihre Wurzeln üblicherweise in der Religion haben.«[7] Die Vorstellung, die Religion sei die Hauptursache der Gewalt und des Leidens in der Welt, ist ein roter Faden im Schrifttum der Neuen Atheisten. Aus meiner Sicht handelt es sich dabei jedoch um eine maßlose Übertreibung, die weder einer genaueren Prüfung im Lichte der Fakten standhält noch einem angemessenen Verständnis dessen entspricht, was einen Konflikt zu einem religiösen macht.

Zuallererst müssen wir zwei allgemeine (wenn auch etwas vage) Ideen voneinander unterscheiden. Wie alle menschlichen Institutionen, so die erste Idee, sind auch religiöse Institutionen zu allen Zeiten für Gräueltaten verantwortlich gewesen und haben enorm viel Leid verursacht. Der zweiten Idee zufolge sind religiöse Institutionen auf irgendeine Weise hauptverantwortlich für die größten Schrecken und Übel der Spezies Mensch.

Die erste Idee ist fraglos wahr, wohingegen die zweite offensichtlich falsch ist. Jeder, der die zweite Idee verteidigen möchte, muss irgendwie mit der Tatsache klarkommen, dass die Großverbrechen des 20. Jahrhunderts mit zum Schlimmsten zählen, was bislang in der Geschichte der Menschheit geschehen ist. Die kommunistischen Regime von Josef Stalin (zwischen 15 und 20 Millionen Tote) und Mao Zedong (mindestens 30 Millionen Tote) waren in keiner Hinsicht religiös. Und ebenso wenig war es das Nazi-Regime, verantwortlich für Gräueltaten von einer solch systematischen Grausamkeit und Brutalität, dass wir sie bis heute kaum begreifen können. An derartigen Maßstäben des Schlimmsten gemessen – die schiere Anzahl der getöteten Menschen, die Willkür und Wahllosigkeit, mit der gemordet wurde, die systematische und erniedrigende Folter sowie die Auslöschung ganzer Gruppen, die Terrorisierung der eigenen Bevölkerung –, sind die nichtreligiösen Regime von Stalin, Mao und Adolf Hitler klarerweise verantwortlich für einige der schlimmsten Gräuel, die die menschliche Zivilisation je gesehen hat. Die zweite Idee ist einfach nicht haltbar.

Der Einwand ist nicht neu, und einige Atheisten begegnen ihm mit dem Argument, dass die Kommunisten »eigentlich« doch religiös waren. Harris schreibt:

> Selbst wo hinter solchen Verbrechen profane Motive standen, bedurften sie, um verübt werden zu können, der ausgesprochenen Leichtgläubigkeit einer ganzen Gesellschaft. Man denke an die Millionen von Menschen, die unter Stalin und Mao getötet wurden: Obgleich jene Tyrannen in Lippenbekenntnissen der Ratio huldigten, war der Kommunismus nicht viel mehr als eine politische Religion. [...] Obgleich die kommunistischen Überzeugungen die Grenzen der irdischen Welt nicht überschritten, hatten sie doch Kultcharakter und waren irrational.[8]

Ähnliches finden wir sogar bei Autoren, die sonst nichts mit den Neuen Atheisten am Hut haben. John Gray zum Beispiel gehört zwar nicht zu denen, die die Religion für alle Probleme der Welt verantwortlich machen, ist aber der

Auffassung, dass »Nazismus und Kommunismus politische Religionen [waren], mit je eigenen Ersatzschreinen und Ersatzriten«.⁹

Das Problem mit dieser Art, über die Sache nachzudenken, besteht darin, dass man nur auf dem Wege einer Stipulation oder Neudefinition des Wortes »Religion« zur gewünschten Schlussfolgerung gelangen kann. Gegen ein solches Vorgehen habe ich bereits Einspruch erhoben, allerdings kommt es insbesondere für die Neuen Atheisten ohnehin nicht infrage, da diese ja nicht müde werden, die Religionen für ihr abergläubisches Festhalten an einer übernatürlichen Handlungsinstanz zu kritisieren. Jedoch verweisen weder der Stalinismus noch der Nazismus noch der Maoismus auf übernatürliche Handlungsinstanzen. Die Neuen Atheisten müssen sich also entscheiden, denn beides zu behaupten geht nicht: dass das Wesen der Religion im Glauben ans Übernatürliche *und* in ihrem bloß kultischen, dogmatischen Gruppendenken besteht (selbst wenn wir annehmen, dass Letzteres eine gute Beschreibung des Stalinismus beziehungsweise Nazismus ist – was es gewiss nicht ist). Schlimmer noch als diese Inkonsistenz ist jedoch die schwammige und falsche Konzeption von Religion, mit der hier gearbeitet wird. Ich habe in den Kapiteln 2 und 3 erklärt, dass zu einer Religion grundsätzlich zwei Dinge gehören: der religiöse Impuls und Identifikation. Ohne Ersteren haben wir es mit bloßer Zugehörigkeit zu tun und ohne Letzteres mit einzelgängerischer Mystik. Nicht alle Riten sind religiöser Natur; nicht alles, was ein Kritiker als »Schrein« bezeichnen mag, ist wirklich ein Schrein. Nichts im Nazismus, Stalinismus und Maoismus entspricht dem, was in wirklichen Religionen als heilig angesehen wird. Die Idee, dass diese Weltanschauungssysteme in irgendeinem

Sinn »Religionen« sind, ist ein oberflächliches Manöver, das kaum etwas Wertvolles zu dieser Debatte beisteuert.

Angesichts der Ungeheuerlichkeit nichtreligiöser Schreckenstaten sowohl im 20. Jahrhundert als auch davor ist es sinnlos, die Vorstellung, die Religion sei für die schlimmsten Gewaltexzesse der Menschheitsgeschichte verantwortlich, weiterzuverfolgen. Sollen wir uns also stattdessen mit der langweiligen, gewöhnlichen Wahrheit zufriedengeben, wonach die Religion zwar für manche schlimmen Dinge verantwortlich gewesen ist, aber eben nicht für alle? (Wenn wir natürlich mit Emile Durkheim der Meinung sind, dass die menschliche Gesellschaft und die Religion sozusagen zusammen groß geworden sind, dann säßen im Grunde immer beide auf der Anklagebank.) Diese banale Behauptung ist zweifelsohne wahr, wirft aber doch ein paar interessante Frage auf: Was meinen wir eigentlich damit, wenn wir einen Konflikt als einen religiösen bezeichnen? Worin besteht die Rolle der Religion in menschlichen Konflikten? Es stellt sich heraus, dass die Antworten auf diese Fragen deutlich komplexer sind, als es zunächst den Anschein haben mag.

Die Rolle der Religion in Konflikten

Worum geht es in Konflikten? Kann es eine allgemeine Konflikttheorie geben? Bei vielen Konflikten unter Menschen handelt es sich um Auseinandersetzungen zwischen verschiedenen Gruppen, in denen es um Herrschaftsgebiete beziehungsweise auf Land oder andere Güter bezogene Besitzansprüche geht oder darum, dass eine Gruppe von einer anderen unter Anwendung von Zwang beherrscht wird. Wo in diesem allgemeinen Bild hat die Religion ihren Platz?

Das sind große und schwierige Fragen, und um mit ihnen voranzukommen, schlage ich vor, dass wir uns zunächst eine Reihe verschiedener Antworten ansehen, die typischerweise auf sie gegeben werden. Die Rolle der Religion in gewaltsamen Konflikten soll abgeleitet sein aus

1. dem expliziten theologischen Inhalt der (theistischen) Religionen;
2. nichttheologischen Elementen religiöser Lehren, etwa Regeln, wie zu leben und zu beten sei;
3. dem Element der Identifikation, das aus meiner Sicht ja wesentlich für jede Religion ist;
4. Aspekten der menschlichen Psychologie, Gesellschaft und Kultur, die nicht eigentlich religiöser Art sind.

Ich werde zu dem Ergebnis kommen, dass es sich bei dem, was man als religiöse Gewalt oder religiösen Konflikt zu bezeichnen pflegt, für gewöhnlich um eine komplexe Mischung aus (2), (3) und (4) handelt, wohingegen der Verweis auf (1) außen vor bleibt, weil einfach recht wenig für ihn spricht.

Trotzdem sollten wir uns kurz mit (1) beschäftigen, also mit der Ansicht, theologische oder kosmologische Inhalte würden als solche eine nennenswerte Rolle im Kontext religiöser Gewalt spielen. Es ist keineswegs so, dass niemand jemals eine solche Meinung vertreten hat. Harris sagt, dass Indien und Pakistan »nun bereit [sind], sich gegenseitig mit Atomwaffen auszulöschen, nur weil sie sich über ›Fakten‹ nicht einig sind, die in all ihren Einzelheiten so abstrus sind wie Namen der Rentiere des Weihnachtsmanns. [...]

Der einzige Unterschied zwischen diesen Gruppen besteht in dem, was sie über Gott glauben.«[10] Wie so viele von Harris' polemischen Bemerkungen ist auch diese unhaltbar. Was auch immer die Wahrheit über den Ursprung des Konflikts zwischen Indien und Pakistan sein mag: theologische Überzeugungen haben damit nichts zu tun. In Ramachandra Guhas umfassender Geschichte des modernen Indien zum Beispiel werden theologische Überzeugungen im Kontext der gewalttätigen Geschichte der beiden Staaten nach der Teilung kein einziges Mal erwähnt.[11]

Natürlich meint Harris zweifelsohne, dass *Religion* das Fundament des Konflikts zwischen Indien und Pakistan bildet, denn schließlich ist Pakistan mehrheitlich muslimisch, Indien hingegen überwiegend hinduistisch geprägt. Und weil er wie alle Neuen Atheisten die Religion mit einer Kollektion kosmologischer und theologischer Überzeugungen gleichsetzt, behandelt er »Religion« und »Überzeugungen über Gott« – »was sie über Gott glauben« – als ein und dieselbe Sache. Diese Gleichsetzung ist einer der Fehler, gegen die ich in diesem Buch anschreibe.

Dennoch lohnt die Frage, ob es irgendwelche anderen Fälle gibt, in denen Überzeugungen, die Menschen in Bezug auf Gott haben – und nicht die anderen Aspekte einer Religion –, tatsächlich eine maßgebliche Rolle in religiösen Konflikten spielen. Man kann das selbstverständlich nicht ausschließen, und es ist sicher richtig, dass viele religiöse Schismen oder Spaltungen das Ergebnis theologischer Debatten gewesen sind. Bemerkenswert ist aber auch, dass viele der sogenannten religiösen Konflikte vergleichsweise wenig mit den theologischen Ideen zu tun hatten, die für die religiösen Schismen ursprünglich verantwortlich waren.

An die 140 000 Tote und eine Million Heimatlose haben

die Jugoslawienkriege in den 1990er Jahren hinterlassen. Harris, Hitchens und Dawkins sprechen diesbezüglich von Religionskriegen, vermutlich weil die meisten Serben orthodoxe Christen, die meisten Kroaten Katholiken und viele der Bosnier Muslime sind. Aber worin bestehen eigentlich die Unterschiede zwischen diesen Religionen? Konzentrieren wir uns auf die Differenz zwischen den orthodoxen Serben und den römisch-katholischen Kroaten. Die orthodoxe Kirche, auch Ostkirche genannt, spaltete sich von der römischen Kirche im Jahr 1054 ab; der Moment des Großen oder Morgenländischen Schismas war gekommen. Davor bildeten sie eine Einheit, und die Ostkirchen akzeptierten die Autorität des Papstes in Rom. Dem Schisma voraus gingen zahlreiche komplizierte Konflikte und Debatten, von denen einige genuin theologischer Natur waren. Ein theologischer Streitpunkt war der sogenannte Filioque-Zusatz, an dem sich eine theologische Debatte um die Stellung von Heiligem Geist und Jesus Christus in der Hierarchie des Göttlichen entzündete. Die traditionelle Sicht der Dinge geht auf das Konzil von Nizäa im Jahr 325 zurück und findet ihren Ausdruck im nizänischen Glaubensbekenntnis; ihr zufolge »geht« der Heilige Geist allein aus dem Vater »hervor«. Dann aber entwickelte sich eine andere Auffassung, wonach der Heilige Geist aus dem Vater *und* dem Sohn hervorgeht (daher *filioque*: »und dem Sohn«). Diese Ansicht schlug sich im genannten Zusatz zum Glaubensbekenntnis nieder, das schließlich in dieser revidierten Fassung vom Papst übernommen, von den Patriarchen der Ostkirche jedoch abgelehnt wurde. Dies führte zur Spaltung zwischen der römisch-katholischen Kirche und den orthodoxen Ostkirchen, zu denen auch die serbisch-orthodoxe Kirche gehört.

Die Behauptung, der Filioque-Zusatz sei einer der Faktoren gewesen, die den Krieg zwischen Serben und Kroaten in den 1990er Jahren beeinflusst haben, wäre völlig falsch, ja sogar frivol. Und doch müsste er (und mit ihm viele andere Details) zum Thema werden, wenn es um die theologischen Wurzeln der genannten Kirchenspaltung geht. Analysierten wir also den Krieg zwischen Serben und Kroaten in Begriffen dessen, »was sie über Gott glauben«, müssten wir den Filioque-Zusatz erwähnen. Und doch ist absolut klar, dass er mit dem Krieg genauso wenig zu tun hat wie die Tatsache, dass die Serben das kyrillische Alphabet verwenden, die Kroaten hingegen das lateinische.

Die bekannten historischen Fakten erzählen die wahre Geschichte. Das Land Jugoslawien wurde nach dem Ersten Weltkrieg aus einer Reihe von Staaten geschaffen, die zuvor teils unabhängig waren, teils unter Fremdherrschaft standen. Die historischen Landschaften Kroatiens (Dalmatien und Teile Istriens) waren Kronländer des späten Habsburgerreiches, wohingegen Serbien seit dem 19. Jahrhundert ein unabhängiges Königreich war. Als Staatspräsident Josip Broz Tito im Jahr 1980 starb, begann der Zerfall Jugoslawiens, es kam zu territorialen Streitigkeiten und zu tiefgreifenden Unstimmigkeiten darüber, wem was gehört, das heißt, »alte Feindschaften« flammten wieder auf; nicht zu vergessen ist zudem das Machtstreben einer Garde ehrgeiziger und skrupelloser Individuen. Der Beginn des serbokroatischen Konflikts lässt sich also so erklären, dass womöglich alte Feindschaften eine gewisse Rolle gespielt haben, aber auch das Bedürfnis nach regionaler Vormachtstellung sowie das Verhalten einzelner Politiker. Völlig irrelevant in diesem Zusammenhang ist jedoch der Inhalt irgendwelcher religiösen Lehren, mit Blick auf die sich Katholiken und Orthodoxe unterscheiden. Wie dieses kleine Beispiel zeigt, sollten wir also sehr vorsichtig damit sein, »Überzeugungen über Gott« irgendeinen Stellenwert einzuräumen, wenn wir religiöse Konflikte analysieren. Und da sich diese Einsicht meines Erachtens durch viele weitere Beispiele bestätigen lässt, möchte ich als allgemeine Lehre aus dieser kurzen Diskussion festhalten, wie wichtig es ist, Religionen als Ganzes zu betrachten und nicht bloß als eine Ansammlung theologischer oder kosmologischer Behauptungen.

An dieser Stelle möchten die Neuen Atheisten vielleicht einwenden, meine Darstellung ihrer Position sei unfair, sozusagen eine Parodie – als würden sie sagen, alle religiöse Gewalt habe ihren Ursprung allein in Theologie. Nun ja, kann sein; allerdings sie sind es, die »Religion« so behandeln, als wäre sie Kosmologie und Theologie, und ihr dann, so verstanden, die Schuld an der Gewalt geben. Wir sollten uns also ein realistischeres Bild religiöser Gewalt machen und die Theologie beiseitelassen. Drei weitere Hypothesen über die Ursprünge religiös motivierter Gewalt und Konflikte habe ich genannt: (2) nichttheologische, aber dezidiert religiöse Aspekte von Religionen; (3) das Element der Identifikation; und (4) andere, nichtreligiöse Aspekte der menschlichen Psychologie, Gesellschaft und Kultur. Dass jeder der sogenannten religiösen Konflikte anhand von jeweils nur einer dieser Hypothesen erklärt werden kann, scheint mir ausgeschlossen; vielmehr werden gewiss alle in angemessenen Erklärungen eine mal mehr und mal weniger stark gewichtete Rolle spielen. Um die verschiedenen Stränge in religiösen Konflikten besser auseinanderhalten zu können, dürfte es jedoch nützlich sein, Beispiele zu finden, mittels deren sich die genannten Aspekte jeweils einzeln veranschaulichen lassen.

Mit den »nichttheologischen, aber dezidiert religiösen« Aspekten meine ich Dinge wie Praktiken, Riten, Strukturen und Traditionen, die für die Religionen als solche wesentlich sind, bei denen es sich aber nicht einfach um Überzeugungen mit Blick auf Gott handelt. Der Konflikt zwischen schiitischen und sunnitischen Muslimen scheint dafür ein Beispiel zu sein; er ist jedenfalls kein theologischer Streit. Am Anfang ihrer Auseinandersetzung stand eine Meinungsverschiedenheit darüber, wer das Erbe des Propheten Mohammed antreten sollte. Eine Gruppe – aus der die Sunniten hervorgegangen sind – schloss sich Abū Bakr an, dem Schwiegervater des Propheten. Eine andere Gruppe war der Meinung, dass der Schwiegersohn Mohammeds, ʿAlī ibn Abī Tālib, kurz Ali genannt, dessen Nachfolger sein sollte. Aus dieser Gruppe wurden die Schiiten. Dieser Nachfolgestreit zog eine Vielzahl praktischer und struktureller Differenzen nach sich, zum Beispiel, dass für die Schiiten die Führungsrolle ihrer Imame von großer Bedeutung ist. Ungefähr 80 Prozent der heute lebenden Muslime sind Sunniten; Indonesien und Saudi-Arabien sind mehrheitlich sunnitisch, wohingegen der Iran die Führungsnation der Schiiten ist. In der gesamten Geschichte des Islams ist der Streit zwischen Sunniten und Schiiten immer wieder aufgeflammt, und er steht im Zentrum der gegenwärtigen Krise im Nahen Osten. Angesicht der religiösen Differenzen zwischen den beiden Gruppen ist es durchaus sinnvoll, diesbezüglich von einem religiösen Konflikt zu sprechen, auch wenn zweifelsohne viele andere politische Kämpfe um Macht und Vorherrschaft in der Region gleichermaßen wichtig sind.

Sicherlich ist es nützlich, Gewalt dann als religiös motiviert zu klassifizieren, wenn das, was Menschen tun, durch den Verweis auf den Inhalt spezifischer religiöser Lehren erklärt werden kann. Wenn also beispielsweise Leuten – etwa von einem Geistlichen oder einem heiligen Text – gesagt wird, sie müssten Anhänger einer anderen Religion töten, und zwar nur deshalb, weil sie dieser anderen Religion angehören, dann wäre dies ein klarer Fall von religiöser Gewalt. Gewalt, die auf Gesetzen über Blasphemie beruht, ist ein gutes Beispiel, und das Todesurteil, das der Ayatollah Ruhollah Musawi Chomeini via Fatwa 1989 über den Schriftsteller Salman Rushdie verhängte, fällt in diese Kategorie. Die Gewalt lässt sich hier am besten in Begriffen des Inhalts eines Befehls, der einem heiligen Text entstammt, oder einer Interpretation einer religiösen Lehre verstehen. Natürlich sind auch andere Erklärungen möglich – womöglich politische, gesellschaftliche oder sogar psychoanalytische –, aber diese würden die erstgenannte Erklärung, die auf eine religiöse Verpflichtung verweist, nicht überschreiben.

Hypothese (3) zufolge rührt das, was häufig als religiöser Konflikt beschrieben wird, von etwas her, das zwar wesentlich zur Religion dazugehört, aber auch anderswo anzutreffen ist: dem Element der Identifikation. Menschen identifizieren sich stark mit ihrem Land oder ihrer sozialen Gruppe, sie kämpfen, oft bis zum Äußersten, gegen diejenigen, die sie als ihre Herrscher oder Unterdrücker wahrnehmen. Das auch von Dawkins und Hitchens diskutierte Beispiel Nordirlands scheint von dieser Art zu sein.

Der Nordirlandkonflikt eskalierte in den letzten Jahrzehnten des 20. Jahrhunderts, obwohl seine Wurzeln mehrere hundert Jahre zurückreichen. Im 17. Jahrhundert gab es im Norden der Insel gewalttätige Auseinandersetzungen zwischen protestantischen Siedlern aus England und

Schottland und der irisch-katholischen Bevölkerung. Die Protestanten wurden von der englischen Regierung unterstützt, die Truppen sandte, was in der blutigen Eroberung ganz Irlands durch Oliver Cromwell und seine Soldaten gipfelte. Infolge der Unabhängigkeit Irlands von Großbritannien wurde die Insel 1922 geteilt, wobei der Norden (die mehrheitlich von Protestanten bewohnte Provinz Ulster) ein Teil des Vereinigten Königreichs, wie es nun heißen sollte, blieb. In den 1960er Jahren flammte der Konflikt wieder auf, angefacht durch eine Bürgerrechtskampagne gegen antikatholische Diskriminierung, und loderte bis zum Ende des Jahrhunderts.

Auch wenn der Nordirlandkonflikt häufig als eine Auseinandersetzung zwischen Katholiken und Protestanten beschrieben wird, spielen die Einzelheiten der religiösen Überzeugungen darin so gut wie keine Rolle. Worin auch immer die Differenzen zwischen der katholischen und der protestantischen Lehre bestehen mögen: nicht sie haben den Konflikt heraufbeschworen, sondern historische Ereignisse in Zusammenhang mit der Behandlung der katholischen Minderheit in Ulster vor dem Hintergrund massiver Ressentiments. Hitchens erzählt einen bekannten Witz aus dem Nordirlandkonflikt:

> Ein Mann wird an einer Straßensperre angehalten und nach seiner Konfession gefragt. Als er antwortet, dass er Atheist sei, fragt man ihn: »Protestantischer oder katholischer Atheist?«. Der Witz belegt in meinen Augen, dass der Fanatismus sogar den legendären irischen Humor zerrüttet hat.[12]

Meines Erachtens liegt Hitchens hier daneben – nicht, dass der lokale Humor ruiniert ist, zeigt der Witz, sondern er liefert im Gegenteil eine feine Kostprobe von diesem. Denn er zeigt, dass nicht die Religion die unnachgiebige Kraft in diesem Konflikt ist, sondern dass der Glaube irrelevant ist. Vielmehr kommt es darauf an, welcher Gruppe man angehört. Klar, diese Gruppen werden anhand der Namen der Religionen, denen sie angehören, identifiziert, aber (und das hätte Hitchens eigentlich auffallen müssen) der Witz illustriert ja gerade, dass der religiöse Inhalt der Glaubenslehren, die mit diesen Namen assoziiert werden, keine Bedeutung hat.

Im Herzen des Nordirlandkonflikts stand der Kampf einer Gruppe, die sich von einer anderen unterdrückt fühlte, und darüber hinaus hofften viele Mitglieder der ersten Gruppe darauf, Teil einer anderen Nation zu werden. Dieser Kampf hat insofern einige Ähnlichkeiten mit anderen Kämpfen für politische Unabhängigkeit im 20. Jahrhundert – mit Blick auf Europa fallen einem da insbesondere die der Basken und der Katalanen ein –, als Identifikation eine seiner treibenden Kräfte ist. Religion spielt zwar eine gewisse Rolle im Nordirlandkonflikt, aber in diesem Fall nur deswegen, weil die Religion der Ort der Identifikation ist. Meinetwegen können wir ihn als einen religiösen Konflikt bezeichnen – auch wenn das außerhalb der neuatheistischen Zirkel nur wenige tun –, aber bitte nur, solange wir dabei im Hinterkopf behalten, dass das, was ihn antreibt, auch in anderen regionalen Konflikten anzutreffen ist: Identifikation.

Kurz gesagt: Die komplexe Beziehung der Identifikation, die Menschen zu ihrer sozialen Gruppe haben, ist ein Movens, das Menschengruppen dazu bringt, einander zu töten, zu bekämpfen und zu drangsalieren. Identifikation ist unabhängig von Religion in dem Sinne, dass es sie ohne Religion geben kann – aber sie ist eben auch ein Bestandteil von Religion, wie ich in Kapitel 3 dargelegt habe. Aus diesem Grund finden es manche so naheliegend, einige Konflikte »religiös« zu nennen, wohingegen andere hier eher von »ethnisch« sprechen möchten. Wie wir zuvor gesehen haben, hält Dawkins das Wörtchen »ethnisch« in der Wendung »ethnische Säuberung« für eine »Beschönigung der religiösen Säuberung«.[13] Was aber bedeutet eigentlich »ethnisch« in diesem Kontext? Zunächst einmal: Ethnizität hat nichts mit genetischen oder biologischen Merkmalen zu tun – derartige Merkmale, die allen Menschen derselben Ethnie zukommen, gibt es nicht. Das heißt aber nicht, dass es Ethnizität nicht gibt. Sie besteht ganz überwiegend aus einer gemeinsamen Sprache, einer gemeinsamen Religion, einer gemeinsam angenommenen Geschichte einer Gruppe oder aus einer Kombination aus all diesem. Dawkins hat also recht: Es gibt eine Verbindung zwischen der Idee der »ethnischen Säuberung« und Religion – aber nur deswegen, weil Religion ein Kennzeichen von Ethnizität ist. Da eine gemeinsame Religion Teil dessen sein kann, was der real existierenden Ethnizität zugrunde liegt, ist es kein Euphemismus, religiöse Streitigkeiten »ethnisch« zu nennen – sondern unter Umständen nur eine andere Weise, denselben Sachverhalt zu unterstreichen.

Kommen wir nun zum vierten Faktor, der bei Erklärungen religiöser Gewalt oder religiöser Konflikte zum Tragen kommt: zu den anderen, nichtreligiösen Aspekten menschlicher Psychologie, Gesellschaft und Kultur, wie ich ihn genannt habe. Gewalt kann durch Rache motiviert sein oder durch ein Gefühl der Perspektivlosigkeit – durch die »no future«-Haltung zum Leben, die einschlägigen Studien zufolge manche europäische Dschihadisten an den Tag legen. Nachweislich schließen sich einige Männer und Frauen dem IS oder ähnlichen Gruppen an, weil sie den Eindruck haben, dass es nichts gibt, wofür es sich zu leben lohnt; sie finden Sinn in den starken Bindungen und der knallharten Botschaft des gewaltbereiten Dschihadismus. Andere religiöse Terroristen der jüngeren Zeit fallen unter die Kategorie »einsamer Wolf«, womit Männer gemeint sind, für die ein spektakulärer Massenmord das Mittel der Wahl zur Erlangung von Ruhm und Unsterblichkeit ist. Die Gemeinsamkeiten mit Amokläufern an US-amerikanischen Schulen oder zu Massenmördern wie Timothy McVeigh und Anders Breivik sind hier größer als mit anderen religiösen Kriegern.

Die Komplexität der Faktoren, die Menschen dazu bewegen, religiöse Gewalt auszuüben, sperrt sich aus meiner Sicht gegen jeden ernsthaften Versuch, die Religion als das alles andere ausstechende Übel in der Weise zu charakterisieren, wie es die Neuen Atheisten tun. Dennoch können wir an diesem Punkt zumindest festhalten, dass selbst wenn ein Konflikt typischerweise – und zu Recht – in religiösen Begriffen beschrieben wird, dies noch nicht per se heißt, dass die Religion die treibende Kraft in ihm ist. Dies trifft auf die zuvor diskutierten Beispiele – Jugoslawien und Nordirland – zu, aber, so meine ich, auch auf einen der todbringendsten »Religionskriege« Europas, den Dreißigjährigen Krieg.

Dieser Krieg gilt gemeinhin als das Paradigma eines religiösen Konflikts, als eine Folge der ein Jahrhundert zuvor stattgefundenen Reformation und der Spaltung Europas in die katholische und die protestantische Glaubensrichtung. Auf der einen Seite stand der Habsburger Kaiser des Heiligen Römischen Reiches mit Spanien und anderen katholischen Ländern als seinen Verbündeten. Auf der anderen Seite waren die böhmischen Kronländer und die nordeuropäischen protestantischen Staaten: Schweden, einige deutsche Fürstentümer und Städte, Dänemark und die Republik der Vereinigten Niederlande. Der Krieg begann anlässlich von Meinungsverschiedenheiten unter den kleineren Staaten des Reiches über Fragen der Religionsfreiheit, und seine Ursprünge lassen sich eindeutig auf den wackeligen Augsburger Religionsfrieden zurückführen, der am Ende der Religionskriege des 16. Jahrhunderts geschlossen wurde. Während sich der Konflikt von Mitteleuropa nach Norden und Westen ausbreitete, trat Frankreich in den Krieg ein, und zwar an der Seite der Protestantischen Union. Dass das katholische Frankreich mit den Protestanten gemeinsame Sache machte, könnte als Indiz dafür interpretiert werden, dass der Krieg in Wahrheit doch kein religiöser Konflikt war. Nichtsdestotrotz gab es auch ein eindeutig religiöses Element von der zweiten Art, die ich zuvor herauspräpariert habe. Die Historiker sind sich einig, dass Auseinandersetzungen zwischen Protestanten und Katholiken über die Freiheit der Religionsausübung den Krieg mitverursacht haben; die Protestanten in Böhmen fühlten sich durch den fanatischen neuen Kaiser bedroht, und ihre Kirchen wurden zerstört. Am Ende kämpfte in diesem entsetzlichen Konflikt eine Reihe von mächtigen katholischen Ländern gegeneinander, was einmal mehr unterstreicht, wie wichtig es ist, auch Faktoren zu berücksichtigen, die nichts mit Religion zu tun haben.

Wer der Religion die Schuld für die Gewalt in der Welt geben möchte, mag weiterhin behaupten, dass die Religion die *grundlegende* Rolle etwa im Dreißigjährigen Krieg gespielt hat. Angesichts der Komplexität der politischen und sonstigen Motive, die die Hauptakteure einer Tragödie wie dieser angeleitet haben, stellt sich jedoch die Frage, was es bringen soll, diese Ereignisse als »grundlegend« religiös zu bezeichnen. Die historischen Belege deuten auf ein ganzes Bündel von komplexen Motiven, die mit dem Streben nach Macht und Hegemonie im Europa des 17. Jahrhunderts zu tun haben. Religion ist ein Faktor, ohne Zweifel. Aber ist sie auch der grundlegende oder wichtigste Faktor? Wie könnten wir diese Frage beantworten? Müssen wir das überhaupt? Wenn man wie die Neuen Atheisten glaubt, dass Religion ein singuläres Übel ist, dann verstehe ich, warum man eine Antwort auf diese Frage haben möchte. Aber wie kann man dieser Meinung sein, ohne zuvor die Belege geprüft zu haben? Begnügen wir uns besser mit einer nüchternen, faktenbezogenen, empirischen Überprüfung der vielen Ursachen und Faktoren, die zu komplizierten Konflikten wie diesem geführt haben.

Welche Schlussfolgerung sollen wir mit Blick auf religiöse Gewalt ziehen? Nun, wir sollten die extreme Sichtweise, der zufolge die schlimmsten Gewaltausbrüche in der Menschheitsgeschichte religiöser Natur gewesen sind, ebenso zurückweisen wie die gleichermaßen abwegige Behauptung, dass es so etwas wie religiöse Gewalt nicht wirklich gibt. Die eigentliche Frage lautet, was genau religiöse Gewalt ist und worin das Potenzial der Religion besteht, Gewalt in häufig extremer Form zu schüren. Die extreme Gewalt in diesen Fällen lässt sich erklären: in Begriffen der (religiösen oder nichtreligiösen) Identifikation mit ihrer Tendenz, andere auszuschließen und zu diskriminieren; anhand des gewaltmotivierenden Inhalts einiger religiöser Texte; durch den Kampf zwischen rivalisierenden religiösen Gruppen um Macht, Vorherrschaft oder Autonomie – und nicht zuletzt mit menschlichen Motiven und Wünschen (etwa nach Rache), die ohne jeden Bezug zur Religion verstehbar sind.

Irrationalität

Hinter den Argumenten, die die Neuen Atheisten zur religiösen Gewalt vortragen, steckt nach meiner Vermutung eine Haltung, die durch den Slogan »Wer dich veranlassen kann, Absurditäten zu glauben, der kann dich auch veranlassen, Gräueltaten zu begehen« – eine verbreitete Übersetzung eines Voltaire-Zitats – zum Ausdruck gebracht wird.[14] In ihrem Feldzug gegen die Religion stellen die Neuen Atheisten häufig eine Verbindung her zwischen der Absurdität religiöser Überzeugungen und den entsetzlichen Taten, zu denen Religionen die Gläubigen veranlassen; und sehr häufig bedienen sie sich dabei des Konzepts der Irrationalität. Da religiöse Überzeugungen so durch und durch irrational seien, würden Gläubigen dazu gebracht, Dinge zu glauben, die absurd sind, und seien deshalb, wie Voltaires Bemerkung suggeriert, zu allem bereit. Einigen Autoren zufolge liegt hier die eigentliche Gemeinsamkeit zwischen autoritären nichtreligiösen Regimen und Religionen. Hören wir beispielsweise, was Harris zur Verteidigung seiner Behauptung, sogar der Kommunismus sei eine Art von Religion, über das kommunistische Regime in Nordkorea zu sagen hat:

> Unsere Differenzen zum Beispiel mit Nordkorea sind zwar nicht explizit religiös, aber eine direkte Folge davon, dass die Nordkoreaner durch ihre politische Ideologie, ihre unterwürfige Verehrung ihrer Führer mittlerweile vollkommen gestört sind. [...] Das Problem Nordkoreas ist vor allen Dingen ein

Problem ungerechtfertigter (und nicht rechtfertigbarer) Überzeugungen der Nordkoreaner.[15]

Was also sowohl mit der Religion als auch mit kommunistischen Regimen nicht stimmt, ist, dass sie ungerechtfertigte Überzeugungen haben; sie sind irrational. Im Geiste von Voltaires Bemerkung verknüpft Harris diese Irrationalität mit dem Frevel, den die Religion herbeiführen kann:

> Sobald jemand davon ausgeht, er müsse lediglich, bar aller Beweise, an die Wahrheit einer Aussage glauben – dass Ungläubige in die Hölle kommen, dass Juden das Blut von Säuglingen trinken –, wird er zu allem fähig.[16]

Die Vorstellung, religiöser Glaube sei eine raumgreifende Form der Irrationalität, deren Wurzeln tief in der menschlichen Psyche liegen, eine Art Pathologie des Geistes, ist seit der Aufklärung weit verbreitet und auch in den auf Marx und Freud zurückgehenden Religionskritiken anzutreffen. Karl Marx' Bild der Religion als Opium des Volkes präsentiert deren Effekte als solche der Intoxikation – obgleich Opium natürlich echte Schmerzen und Leiden lindern kann. Und auch Sigmund Freuds Idee der kindlichen Illusion platziert das Wesen des religiösen Glaubens außerhalb des Bereichs rationaler Kontrolle. Es ist nachvollziehbar, dass die Religiösen diese Beschreibung ihrer Denksysteme nicht akzeptieren können. Erneut begegnen wir der inzwischen vertrauten Sachlage, dass die Atheisten nicht in der Lage sind, den Dissens, den sie mit ihren Kontrahenten haben, zu plausibilisieren.

Gewiss steckt so manche Einsicht in dem, was Marx und Freud sagen, aber im Ganzen gesehen sind ihre großformatigen Konzeptionen nicht überzeugend und sollten zurückgewiesen werden. Ich möchte mich aber nun auf die

Irrationalität als solche konzentrieren: Was heißt es, ganz allgemein, rational oder irrational zu sein, und inwiefern fallen religiöse Überzeugungen durch den Rationalitätstest?

Philosophinnen unterscheiden zwischen theoretischer Rationalität – was zu glauben vernünftig oder rational ist – und praktischer Rationalität – was zu tun vernünftig oder rational ist. Sowohl Überzeugungen als auch Handlungen können also als rational oder irrational eingestuft werden. Gemeinsam ist der theoretischen und der praktischen Rationalität der Begriff des Grundes: Eine Überzeugung ist rational, wenn sie auf Gründen beruht; dasselbe gilt für Handlungen. Was ist ein Grund? Die präziseste und allgemeinste Definition stammt in meinen Augen von Thomas M. Scanlon: Ein Grund für etwas ist eine »Erwägung, die für es spricht«.[17] Ein Grund, an etwas zu glauben, ist demnach eine Erwägung, die dafür spricht, es zu glauben, und ein Grund, etwas zu tun, ist eine Erwägung, die dafür spricht, es zu tun.

Da dieses Buch vom religiösen Glauben handelt, werde ich mich überwiegend auf die theoretische Rationalität beziehungsweise auf Glaubensgründe konzentrieren. Ein Glaube beziehungsweise eine Überzeugung ist rational, wenn es Gründe gibt, die für ihn oder sie sprechen – wobei man an dieser Stelle in der Regel hinzufügt, dass es sich um *gute* Gründe handeln muss. Einige Philosophen reden allerdings in einer Weise über das »Haben eines Grundes«, die impliziert, dass es eigentlich keine schlechten Gründe geben kann. Wenn ein Grund eine Erwägung ist, die dafür spricht, dieses oder jenes zu glauben oder zu tun, wäre demnach das, was wir normalerweise einen »schlechten Grund« nennen, besser so verstehen, dass jemand *denkt*, etwas sei ein Grund, obgleich es in Wirklichkeit keiner ist.

Ein Spieler mag beispielsweise denken, die Tatsache, dass die Kugel bei den letzten dreißig Roulette-Runden in einem roten Nummernfächer gelandet ist, sei ein Grund zu der Annahme, dass als Nächstes Schwarz kommen wird. Dies ist allerdings nicht der Fall, wie jeder, der nur ein wenig Ahnung von Wahrscheinlichkeitsrechnung hat, weiß. Hatte der Spieler also einen schlechten Grund – oder gar keinen?

Für meine hiesigen Zwecke spielt es keine Rolle, wie wir diese Frage beantworten. Das ist im Kontext weiterer Problemstellungen in der Philosophie der Gründe und der Rationalitätstheorie interessant, aber nicht mit Blick auf die Vernünftigkeit religiösen Glaubens. Daher werde ich einfach weiter in der üblichen Weise über gute und schlechte Gründe reden, die Menschen dafür haben können, dieses oder jenes zu glauben oder zu denken. Ich werde Folgendes sagen: Jemandes Grund, etwas zu glauben, ist in diesem gewöhnlichen Sinn eine Erwägung, von der diese Person *denkt*, dass sie für die fragliche Sache spricht – aber sie kann damit auch falschliegen. Eine Person könnte also insofern irrational sein, als sie etwas glaubt, ihre dazugehörigen Gründe aber nicht gut genug sind.

Was macht Gründe ganz allgemein zu guten Gründen für eine Überzeugung? Gelegentlich wird behauptet – und Harris scheint dieser Meinung zu sein, siehe das obige Zitat –, man solle nur das glauben, wofür man Belege hat, aber das wirft nur eine neue Frage auf: Was sind Belege? Auch diesbezüglich sind verschiedene Antworten im Angebot, wobei viele Denker argumentieren, dass die Belege von der sinnlichen Erfahrung des Glaubenden selbst geliefert werden müssen – der Apostel Thomas scheint dieser Ansicht gewesen zu sein, als er sagte, er könne so lange nicht glauben, dass Jesus von den Toten auferstanden sei, bis er seine Hand in die Wunde an dessen Seite und die Finger in die Löcher in dessen Händen gelegt hätte. In anderen Fällen verlassen wir uns aber nicht nur auf die Daten, die uns unsere Sinne liefern: Vieles von dem, was wir lernen, beruht auf dem Zeugnis anderer, um ein Beispiel zu nennen. Wenn eine Person, die ich als verlässlich betrachte, mir etwas mitteilt, so kann das ein guter Grund sein, es zu glauben, selbst wenn ich kein unmittelbares sinnliches oder wahrnehmungsgestütztes Wissen von der Sache habe, von der die Rede ist. Darüber hinaus basiert ein beträchtlicher Teil des wissenschaftlichen Wissens auf Mathematik, und die Gründe, die für mathematische Wahrheiten sprechen, sind ebenfalls nicht sinnlicher Natur (»Ich kann es einfach sehen!« wäre keine gute Antwort auf die Frage »Warum ist der Satz des Pythagoras wahr?«).

Ich möchte sagen, dass jemand einen Grund dafür haben kann, von etwas überzeugt zu sein, selbst wenn diese Überzeugung tatsächlich nicht wahr ist. Wir dürfen davon ausgehen, dass Astronomen, die in vorkopernikanischer Zeit gewirkt haben, Grund zu der Annahme hatten, dass sich die Sonne um die Erde dreht, denn schließlich waren es ja keine irrationalen Dummköpfe; und doch war diese Annahme falsch. Wenn also eine *gerechtfertigte* Überzeugung eine ist, für die es einen Grund gibt, dann verträgt sich das damit, dass sie falsch ist. Das wichtige Zwischenergebnis lautet somit: Eine Überzeugung kann falsch sein – das heißt unwahr, unrichtig –, ohne irrational zu sein. Man kann im Lichte des gegenwärtig verfügbaren Wissens und Beweismaterials sein Bestes geben und dennoch bei einer falschen Überzeugung landen.

Jedenfalls können wir nun auf der Grundlage der genannten Eigenschaften guter Gründe sagen, was einen *schlechten* Grund für eine Überzeugung ausmachen würde: Es wäre ein Grund, der zum Beispiel der sinnlichen Erfahrung widerspricht oder der besten Bezeugung einer verlässlichen Person oder Gründen von der Art, wie sie die Mathematik offeriert. Inwiefern könnte eine religiöse Überzeugung irrational in diesem Sinne sein – das heißt gegründet auf alles in allem schlechten oder unpassenden Gründen?

Nun, da gibt es viele Möglichkeiten. Schauen wir uns die Beschreibung an, die ich in Kapitel 2 vom Kerngehalt religiöser Überzeugungen gegeben habe, unter Paraphrasierung der Definition von William James: »dass es eine unsichtbare Ordnung gibt und unser höchstes Gut darin besteht, im Einklang mit dieser Ordnung zu leben«. Jemand könnte glauben, dass es eine unsichtbare Ordnung gibt, weil sie es glauben möchte; weil es sie tiefsinnig oder clever aussehen lässt; weil eine von ihr bewunderte Person ihr gesagt hat, dass es sich so verhält, obwohl diese Person es nachweislich nicht besonders genau mit Tatsachen nimmt; oder weil ihr diese Überzeugung auf irgendeine Weise eingetrichtert worden ist. Ich bin sicher, dass uns derartige Fälle vertraut sind: Wie viele andere Überzeugungen können auch religiöse aus schlechten Gründen vertreten werden, sogar aus offenkundig schlechten Gründen – und in dieser Hinsicht können sie irrationalerweise vertreten werden.

Aber muss das so sein? Ist es *zwingend* der Fall, dass, wer glaubt, es gebe eine unsichtbare Ordnung, dies aus schlechten Gründen tut? Wenn religiöser Glaube *an sich* von Haus aus irrational wäre, dann könnte man ihm wohl nicht aus guten Gründen anhängen. Aber ist das wahr? Anscheinend nicht. Jemand könnte davon überzeugt sein, dass es eine unsichtbare Ordnung gibt, weil sie sorgfältig alle Argumente, die dagegen sprechen, abgewogen und für zu leicht befunden hat; oder weil sie auf Phänomene gestoßen ist, von denen sie mit guten Gründen überzeugt ist, dass sie sich nicht anders erklären lassen als durch die Idee einer unsichtbaren Ordnung.

Von etwas aus einem (in diesem Sinne) guten Grund überzeugt zu sein, verträgt sich mit der Falschheit dieser Überzeugung. Wenn Sie also, als Atheistin, meiner Meinung sind, dass es keine unsichtbare Ordnung gibt, mögen Sie die Gründe der Gläubigen für diese Überzeugung infrage stellen. Jedoch geht es mir hier nicht darum, ob es sich bei diesen oder jenen Gründen, die für den Glauben an eine unsichtbare Ordnung sprechen, um welche handelt, die ich akzeptieren würde – ob also die religiöse Überzeugung wahr ist. Die Frage ist vielmehr, ob eine solche Überzeugung zwingend irrational ist. Wenn damit *basiert immer auf schlechten Gründen* gemeint ist, dann lautet die Antwort offenbar nein.

Vielleicht ist diese Annahme aber auch zu stark und macht es mir zu leicht, zu der Schlussfolgerung zu gelangen, dass religiöse Überzeugungen nicht per se irrational sind. Womöglich verhält es sich mit irrationalen Überzeugungen typischerweise so, dass sie nicht auf schlechten Gründen beruhen *müssen*, es aber in der Regel tun. Könnten religiöse Überzeugungen von dieser Art sein? Anders gesagt: Ist es vielleicht so, dass religiöse Überzeugungen fast immer auf schlechten Gründen basieren, auch wenn gelegentlich der eine oder andere gute Grund für sie auftaucht? Ob das stimmt, lässt sich nicht im Rahmen einer philosophischen Untersuchung wie dieser ermitteln – dazu bedarf es einer empirischen Forschung, die sich mit der tatsächlichen Psychologie der Gläubigen befasst, was eine gewaltige und schwierige Aufgabe ist. Aber selbst wenn es stimmen würde, würde dies meine Behauptung, dass religiöse Überzeugungen nicht *notwendigerweise* irrational sind, nicht tangieren.

Ein weiterer möglicher Einwand lautet, dass religiöse Überzeugungen überhaupt keiner Gründe bedürfen. Darauf mögen sich die Religiösen – in Verteidigung der Vorstellung, der Glaube allein reiche aus – ebenso berufen wie ihre Kritiker, wenn diese nachzuweisen versuchen, wie der Verstand der Gläubigen korrumpiert werden kann, etwa durch charismatische Prediger oder Demagogen, von denen die Menschen sich emotional angesprochen fühlen.

Es steckt ganz klar ein Körnchen Wahrheit in Letzterem, weshalb ich bei meinen Aussagen bezüglich der Relation zwischen religiösen Überzeugungen und Gründen noch größere Vorsicht walten lassen muss. Das Äußerste, was ich hier vertreten kann, ist wohl, dass religiöse Überzeugungen nicht zwingend irrational sind, dass es Erwägungen geben kann, die aus der Sicht einiger Leute für solche Überzeugungen sprechen, und dass diese Leute deshalb nicht unvernünftig sind. Aber offenkundig kommt es auch vor, dass Religiöse in den Bann von Leidenschaften geraten, die sie jegliche Vernunft vergessen lassen; und ebenso offenkundig kann das schlimme psychologische und gesellschaftliche Folgen haben, von denen ich einige weiter oben in diesem Kapitel beschrieben habe. Ich will einfach nur sagen, dass es nicht so sein muss – dass solche Dinge nicht im Wesen der Religion, so wie ich es verstehe, beschlossen sind.

Bislang habe ich darüber gesprochen, wie Gründe und

die Rationalität einer Überzeugung zusammenhängen. Es gibt aber noch eine andere Variante der Irrationalität, die nicht mit den *Gründen* einer Person zu tun hat – mit Dingen, die für das Überzeugtsein sprechen –, sondern mit ihrem *Denk- und Urteilsvermögen*: mit dem Prozess, der sie zu ihren Überzeugungen führt. Theorien der Rationalität geben nicht nur Auskunft darüber, was es für etwas heißt, ein Grund zu sein, sondern auch darüber, was es für jemanden heißt, *zu begründen [to reason]*. Verschiedene Denkbeziehungsweise Begründungsstile lassen sich unterscheiden, aber allen liegt eine allgemeine abstrakte Struktur zugrunde. In dieser Struktur gehen die Denkenden von einem Bündel von Überzeugungen oder Annahmen oder Hypothesen aus, die sie schon haben, und ziehen daraus einen Schluss, eine Konklusion. Dieses Bündel aus Überzeugungen etc. kann man die *Prämissen* des Begründens nennen. Und gutes Begründen liegt dann vor, wenn wir auf guten Wegen von den Prämissen, die wir schon haben, zu neuen Konklusionen gelangen.

Was ist ein »guter« Weg, um von Prämissen zu Konklusionen zu gelangen? Dieser Frage widmen sich aus unterschiedlichen Perspektiven die philosophische Logik und andere Begründungstheorien. In einer Variante des korrekten Schließens garantiert die Wahrheit der Prämissen die Wahrheit der Konklusion – wenn man mit Wahrheiten startet, kann man gar nicht anders, als mit der Konklusion bei weiteren Wahrheiten zu landen. Einer anderen Variante zufolge fungieren die Prämissen als Belege, die die Konklusion stützen. Schlechtes Begründen kann Fehlschlüsse involvieren – indem man beispielweise davon ausgeht, dass eine Konklusion durch die Prämissen garantiert oder gestützt wird, obwohl das nicht der Fall ist. Und einige Verbindungen zwischen Gedanken oder Vorstellungen haben überhaupt nicht den Charakter eines Begründungszusammenhangs beziehungsweise einer Schlussfolgerung. Das bloße Verbinden zweier Ideen zum Beispiel – wenn einem etwas einfach so »in den Sinn kommt« – gilt überhaupt nicht als schlussfolgerndes Denken oder Begründen.

Ein wichtiger Aspekt von Theorien des Schließens oder der Rationalität besteht darin, dass sie normalerweise nichts darüber sagen, was für Dinge eine rationale Person denken sollte. Um es in der in Kapitel 1 eingeführten Terminologie zu formulieren: Sie sind mit Blick auf die »Inhalte« unserer Überzeugungen völlig leidenschaftslos; sie geben lediglich an, was es für etwas heißt, ein Grund zu sein, oder worin ein guter Begründungsprozess besteht. Mit anderen Worten: Wenn man wissen will, *was man denken soll*, sollte man keine Rationalitätstheorie konsultieren. Denn sie kann einem lediglich (und bestenfalls) sagen, welchen Weg man gehen sollte, um von Überzeugungen, die man schon hat, zu anderen Überzeugungen zu gelangen. Daher sehe ich nicht, wie irgendeine (in diesem spezifischen Sinn verstandene) Theorie der Rationalität darüber befinden können soll, ob religiöser Glaube als solcher rational ist.

Was schließen wir aus alldem mit Blick auf die generelle Vernünftigkeit des religiösen Glaubens? Wir müssen anerkennen, dass eine falsche Überzeugung nicht notwendig eine irrationale Überzeugung ist. Ob eine Überzeugung rational oder irrational ist, hängt von der Qualität der Gründe ab, auf denen sie beruht, von der Qualität des Begründungsprozesses, der zu ihr geführt hat, oder von beidem. Um zu beurteilen, ob eine bestimmte religiöse Überzeugung irrational ist, müssen wir diese beiden Dinge unter die Lupe nehmen. Viele Menschen dürften aus schlechten

Gründen zu religiösen Überzeugungen gelangt sein; aber es könnte auch gute Gründe geben, an diese Dinge zu glauben. Menschen mögen zu falschen Überzeugungen gelangen, weil der Denkweg zu diesen ein schlechter war oder weil es gar keinen solchen Weg gab; aber es gibt auch Fälle, in denen solche Überzeugungen gebildet wurden durch ein Denken, das gar nicht so miserabel ist. Wenn Sie zeigen möchten, dass religiöse Überzeugungen per se irrational sind, dann müssten Sie zeigen, dass diese niemals auf gutem Begründen oder guten Gründen beruhen können. Ich glaube nicht, dass das geht. Deshalb widerstehe ich dieser Vorstellung. Viele, ja sogar die meisten religiösen Überzeugungen sind nicht wahr, aber das ist etwas anderes.

Was sollen wir also über jene Agnostiker sagen, in deren Seele noch die Flamme oder zumindest ein Fünkchen der Hoffnung flackert, die vielleicht sogar gelegentlich beten? Sind sie irrational? Anthony Kenny hat diesbezüglich wohl die richtigen Worte gefunden:

> Ein Agnostiker, der zu einem Gott betet, dessen Existenz er anzweifelt – diese Vorstellung hat für so manchen etwas Ulkiges. Aber diese Handlung ist keinen Deut unvernünftiger als die eines Mannes, der auf dem Ozean treibt, in einer Höhle eingeschlossen ist oder an einer Gebirgsflanke festsitzt und nach Hilfe schreit, obwohl er womöglich niemals gehört werden wird, oder ein Signalfeuer zündet, das vielleicht niemals gesehen werden wird.[18]

Für einige der Neuen Atheisten ist Rationalität, wie wir gesehen haben, wichtig, weil sie der Auffassung sind, es gebe einen Zusammenhang zwischen Denkfehlern und üblen Taten. Man könnte – wie Harris – meinen, das sei deshalb so, weil die Irrationalität und das Böse auf untrennbare Weise miteinander verbunden sind; oder im Stile einer psychologischen Generalisierung behaupten, dass Menschen nun einmal so sind (dass irrationale Personen bösartiger sind als rationale). Beides ist hochgradig problematisch. Die Vorstellung, es gebe eine Verbindung zwischen Vernunft und Moral, kennen wir aus der Philosophie Immanuel Kants. Sobald wir in der richtigen Weise verstünden, was die Rationalität oder die Vernunft von uns fordert, so Kant, würden wir erkennen, welche wechselseitigen moralischen Verpflichtungen wir haben. Kants Konzeption impliziert allerdings nicht, dass jede Schwäche auf Seiten der Vernunft eine Schwäche auf Seiten der Moral zur Folge hat – sondern nur, dass die Vernunft das eigentliche Fundament dessen ist, was er das »moralische Gesetz« nannte.

Und als eine generelle Aussage über die menschliche Psychologie leuchtet die Behauptung, es gebe eine Korrelation zwischen Irrationalität und Bösartigkeit, überhaupt nicht ein. Tatsache ist, dass vernünftige, rationale, gebildete und kultivierte Leute niederträchtig und grausam sein können; und ungebildete und irrationale Menschen gütig und nett. Und vice versa. Nach meinem Eindruck speist sich die Leidenschaft der Neuen Atheisten aus einem gewissen Optimismus hinsichtlich der menschlichen Natur: Ist die Religion erst einmal beseitigt, wird die Welt wieder ins Lot kommen, und wir alle werden zu besseren Menschen werden. Ein kurzer Blick in die jüngste Geschichte zeigt aber, wie fragwürdig dieser Zusammenhang ist. Es spricht einfach wenig dafür, dass die Menschen auch nur ein bisschen besser würden, wenn die Religion verschwände – ich erinnere erneut an die Gräuel des 20. Jahrhunderts und daran, wie wenig sie mit Religion zu tun hatten. Ein stärker geweiteter historischer Blick dürfte helfen, die aufgeregteren Behauptungen der Neuen Atheisten ins rechte Licht zu rücken.

Aus großer Distanz habe ich in diesem Buch ein Bild der Religion gezeichnet, das darüber hinaus natürlich in einigen Hinsichten nicht frei von Idealisierungen ist. Ich wollte weder suggerieren, dass die religiös Gläubigen sich allesamt von nichts anderem leiten lassen als von ihrer reinen und expliziten Anerkenntnis des von mir so genannten religiösen Impulses; noch will ich leugnen, dass ein religiöser Mensch ebenso vorurteilsbeladen, borniert, ausgrenzend und einfältig sein kann wie jedes andere menschliche Wesen auch. Und es sollte aus der Darstellung in diesem Kapitel hoffentlich klar geworden sein, dass die Rolle der Religion in der verbrieften Historie menschlicher Konflikte kein besonders gutes Licht auf die großen Glaubensgemeinschaften wirft.

Dennoch bleibe ich dabei, dass jede externe Beurteilung der Religion als ganzer berücksichtigen muss, welch enorme Bereicherung sie im Leben vieler Menschen darstellt. Dabei denke ich nicht so sehr an den Trost, den falsche Glaubensüberzeugungen (beispielsweise) über ein Leben nach dem Tod spenden können – zumal das ohnehin nicht für alle Gläubigen der monotheistischen Religionen gilt, von denen aller anderen Religionen ganz zu schweigen. Ich denke vielmehr an das Gefühl, zu einer Kultur zu gehören und eine Geschichte zu haben; an das Gefühl, dass es Unbegreifliches in der Welt gibt und Wertvolles jenseits der Befriedigung momentaner Wünsche. Einiges davon kann man auch ohne Religion haben, aber für viele Menschen ist sie es, die ihnen diese Dinge in verdichteter Form bietet, um ihnen ein Gespür davon zu geben, wer sie sind. Außerdem ist es unklug, den Wert unserer Geschichte einfach zu ignorieren wie auch das unbestreitbare Faktum, dass sogar viele atheistische Ideen ihre Gestalt dem Christentum verdanken. Einige Autoren (Gray zum Beispiel) verstehen das als eine Kritik am Atheismus; ich nicht.

Es ging mir in diesem Kapitel vor allem um eine Auseinandersetzung mit jenen Atheisten, die die Religion für die Hauptquelle aller Probleme in der Welt halten beziehungsweise die Probleme der Welt als Abkömmlinge der Religion verstehen und die zudem meinen, die Probleme der Religion seien Abkömmlinge kosmologischer Überzeugungen. Weil das so ist, so eine populäre neuatheistische Annahme, können wir uns die Fehler in diesen kosmologischen Überzeugungen vorknöpfen und durch eine auf rationalem Wege herbeigeführte Überzeugungsänderung dazu beitragen, die Probleme der Welt zu lösen. Aber selbst wenn der religiöse Glaube in irgendeiner nachvollziehbaren Weise die Quelle der zentralen Weltprobleme wäre – was ich aus den in diesem Kapitel genannten Gründen bezweifle –, ist keineswegs klar, ob der Versuch, die Überzeugungen der Menschen dadurch zu ändern, dass man ihnen erklärt, wie dumm, irrational oder hoffnungslos naiv sie sind, die beste Strategie darstellt. Wie also sollten Atheisten stattdessen mit denjenigen reden oder sonst mit ihnen umgehen, deren Überzeugungen sie nicht teilen? Das ist das Thema von Kapitel 5.

5. Die Bedeutung von Toleranz

Religion ist unausweichlich

In den Zeiten des Kalten Krieges war eine Weise, sich einen Reim auf die menschliche Gesellschaft im Ganzen und die Struktur ihrer Konflikte zu machen, besonders beliebt. Die zentrale Frage in den Auseinandersetzungen darüber, worin der Unterschied zwischen Ost und West und zwischen Links und Rechts besteht, drehte sich um die Rolle des Staates in industrialisierten Gesellschaften. Was sollte dem Staat gehören, wie weit sollte seine Kontrolle gehen? Welche Beschränkungen sollten es geben mit Blick auf Privatbesitz und Handel? In welchem Umfang sollte der Staat seine Wirtschaft planen, und inwieweit ist das möglich? Das sowjetische Modell gab eine Antwort (»viel«, »sehr weit« etc.), die Vereinigten Staaten und Westeuropa eine andere (von »abgesehen von einer gewissen Grundversorgung: so wenig wie möglich« bis hin zu »ziemlich viel«). Einige Denker meinten, hier zeige sich der von Marx beschriebene Konflikt zwischen Kapital und Arbeit; andere waren davon überzeugt, dass die Sache sich irgendwann erledigen würde, weil der Siegeszug der westlich-liberalen Ideen von Freiheit und Demokratie nicht aufzuhalten sei.

Heute sehen die Dinge ganz anders aus. Mit dem Komplettzusammenbruch des sowjetischen Modells in den 1980er

Jahren und der Expansion des Kapitalismus sogar in jenem riesigen Land, das nominell immer noch kommunistisch ist (China), versorgt uns die Frage nach der Rolle und den Grenzen des Staates nicht mehr wie früher mit klaren Alternativen. Ja, es hat den Anschein, als sei die alte Frage immer weniger wichtig, um zu verstehen, wie menschliche Gesellschaften entweder funktionieren oder funktionieren sollten. Die alte Frage hat verschleiert, was jetzt mehr und mehr ans Licht kommt: dass die Hauptkräfte hinter den Ereignissen in der Welt die Religion und die Nation sind, nicht Grundsätze des Staatseigentums und der Wirtschaft.

Wie ich zu Beginn des Buches sagte, betrachten sich sechs der gut sieben Milliarden Menschen auf diesem Planeten als Angehörige einer Religion. Drei der vier bevölkerungsreichsten Staaten der Erde – Indien, die USA und Indonesien – haben riesige religiöse Populationen. China, das bevölkerungsreichste Land der Welt, scheint eine Ausnahme zu bilden, doch selbst dort breitet sich die Religion rasant aus. Eine Erhebung aus dem Jahr 2006 hat gezeigt, dass 31 Prozent der Chinesinnen und Chinesen die Religion als einen irgendwie wichtigen Bestandteil ihres Lebens betrachten, und nur noch 11 Prozent gaben die kommunistische Auskunft, dass sie von keinerlei Bedeutung für sie sei. In einer Schätzung aus dem Jahr 2010 ging das Pew Research Center von 67 Millionen praktizierenden Christen in China aus; relativ zur gigantischen Gesamtbevölkerung ist das zwar ein kleiner Anteil, aber es sind nichtsdestotrotz sehr viele Menschen – mehr als gegenwärtig im Vereinigten Königreich leben –; zudem ist zu erwarten, dass es infolge der allmählichen gesellschaftlichen Liberalisierung in China noch mehr werden.[1]

Einige Neue Atheisten haben behauptet, die Religion

sei weltweit auf dem Rückzug, aber das kommt mir wie Wunschdenken vor. Es steht nicht ernsthaft zu erwarten, dass der religiöse Impuls und religiöse Strukturen aus menschlichen Gesellschaften verschwinden werden. Angesichts dessen stellt sich die akute Frage, wie diejenigen unter uns, die mit Religion nichts anfangen können beziehungsweise sie ablehnen, mit ihr umgehen sollten. Die Frage zerfällt in zwei Teile: in die praktische, persönliche oder moralische Frage, wie Atheisten Religion und Gläubige in ihren eigenen Lebensvollzügen sowie in ihrem Weltbild unterbringen sollten; und in die politische Frage, ob und inwiefern säkulare Staaten für religiös Gläubige Platz schaffen sollten. Die politische Frage ist zu groß, um sie in diesem Buch behandeln zu können; ich werde mich auf die erste, die persönliche Frage konzentrieren.

Die zeitgenössische Debatte über den religiösen Glauben wird hitzig und aggressiv geführt, wie ich zu Anfang des Buches festgestellt habe. Die Neuen Atheisten stellen den religiösen Glauben mitsamt der religiösen Praxis als ein wertloses Unterfangen dar, das auf einer vormodernen Kosmologie, auf Aberglauben und irrationalen Vorurteilen beruht. Die Gläubigen kontern mit dem Argument, dass die Atheisten etwas nicht kapiert haben, nämlich das Wesen des Glaubens, und zudem ihrerseits zu ebenjenem »Fundamentalismus« neigen, den sie bei manchen Gläubigen kritisieren.

Viele Atheisten agieren kämpferisch, gerade weil sie diese weltanschaulichen Differenzen als einen echten Konflikt interpretieren, der dringend einer Lösung bedarf. Sie halten die Religion für die Ursache riesiger Probleme in der Welt: der Gewalt, der Unterdrückung der Handlungs- und Gedankenfreiheit und des Versuchs, sich in erwiesenermaßen sachgerechte Erziehungsprozesse einzumischen und den intellektuellen Fortschritt zu torpedieren. Daher müsse die Religion bekämpft und könne nicht einfach nur toleriert werden. In praktischer Hinsicht führen sie diesen Kampf mittels rationalen Argumenten und wissenschaftlichen Belegen in der Hoffnung, damit den schlechten Auswirkungen der Religion etwas entgegenzusetzen, denjenigen, die in ihr gefangen sind, den Ausstieg zu ermöglichen und womöglich, in irgendeiner idealen Zukunft, die Religion ganz zum Verschwinden zu bringen.

Niemand sollte sich gegen Versuche stellen, die schlechten Auswirkungen religiösen Glaubens zu bekämpfen: die Intoleranz, die Gewalt und die Einschränkung der Denk- und Handlungsfreiheit, die manche religiöse Gruppen und Institutionen zweifelsohne propagieren. Die Frage lautet vielmehr: Wie lassen sich diese spezifischen Einwände in eine allgemeine Haltung gegenüber der Religion als Ganzes gesehen integrieren? Glauben wir, dass das, was schiefläuft, sich auf sehr grundsätzliche Einwände gegen den religiösen Glauben *als solchen* zurückführen lässt, die wir bei jeder Gelegenheit zur Sprache bringen müssen in der Hoffnung, damit so viel wie möglich davon zum Verschwinden zu bringen? Oder sollten wir stattdessen annehmen, dass es für die genannten Dinge viele unterschiedliche Erklärungen gibt, darunter einige, die unmittelbar mit der Religion zusammenhängen, und andere, für die das nicht gilt, und anerkennen, dass eine Pauschalkritik auf Basis einer generellen Opposition gegen »Religion« nicht unbedingt zielführend ist, wenn wir etwas verstehen oder verändern wollen?

Natürlich ist das Letztgenannte aus meiner Sicht die angemessene Haltung. In Kapitel 4 habe ich die Vorstellung kritisiert, der zufolge es prinzipiell eine klare und identifizierbare »religiöse« Komponente in den so genannten religiösen Konflikten gibt, die sich über die Jahrhunderte zugetragen haben. Ein religiöser Konflikt kann religiöse Beweggründe haben, er kann nichtreligiöse Beweggründe haben, und manchmal sind beide untrennbar miteinander vermischt. Es ist nicht der Fall, dass die schlimmsten Gräueltaten der Menschheitsgeschichte auf das Konto der Religion gehen, aber sie ist in verschiedenen und komplizierten Hinsichten verantwortlich für jede Menge Unheil und Elend.

Die Religionskritik der Neuen Atheisten beruht auf einer größtenteils kosmologischen Darstellung des Inhalts religiöser Überzeugungen, die ich in Kapitel 2 einer Kritik unterzogen habe. Wenn Sie diese Darstellung teilen, mögen Sie vielleicht denken, dass eine Dekonstruktion dieser Kosmologie ein geeignetes Mittel ist, um diejenigen zu kritisieren, die Gewalt für religiöse Zwecke oder aus religiösen Gründen propagieren. Aber nicht nur ist es höchst unwahrscheinlich, dass die Kritik einer Kosmologie irgendetwas zur Lösung der genannten Probleme beitragen kann; sondern es ist – aus den in Kapitel 4 präsentierten Gründen – auch unklar, was die Kosmologie überhaupt mit ihnen zu tun hat.

Meine Konzeption der Religion ist hilfreicher. Anhand des Phänomens der Identifikation, in dessen Begriffen ich den religiösen Glauben beschrieben habe, lassen sich einige Varianten religiöser Gewalt erklären, wie ich in Kapitel 4 gezeigt habe. Weil es Identifikation auch außerhalb von religiösen Kontexten gibt, lässt sich zudem die Gewalt infolge religiöser Identifikation besser verstehen, denn sie erscheint auf diese Weise als Teil eines allgemeineren Musters in menschlichen Gesellschaften und in der Menschheitsgeschichte.

Ich bin daher mit John Gray einer Meinung, wenn er sagt, »die dringlichste Aufgabe unserer Gegenwart besteht darin, zu akzeptieren, dass Religiosität sich nicht durch Reduktion auf andere Phänomene wegerklären lässt«.[2] Religion ist ein tiefer, durchdringender und wahrscheinlich nicht zu eliminierender Aspekt der menschlichen Gesellschaft, mit einigen guten und mit einigen schlechten Eigenschaften. Die Haltung, die ich aus diesen Überlegungen ziehen möchte, hat zwei Seiten: den Versuch, zu verstehen, und den Versuch, zu tolerieren. Verstehen, weil wir uns bemühen sollten, beides zu verstehen: das, was wir ablehnen, und das, was wir akzeptieren. Toleranz, weil unser Ziel nicht darin bestehen sollte, diejenigen, deren Meinung wir nicht teilen, zu belehren, sondern darin, mit ihnen in Frieden zu leben. Es geht also, in Grays bereits zitierten Worten, um »eine Toleranz, deren Ziel nicht Wahrheit, sondern Wahrung des Friedens ist«.[3]

Relativismus und Respekt

Was heißt es, Religion im eigenen Leben zu tolerieren? Der Philosoph Brian Leiter hat in seinem Buch *Why Tolerate Religion?* behauptet, die Religion könne keinen besonderen Anspruch auf staatliche Tolerierung erheben. Leiters Schlussfolgerungen sind plausibel, aber von begrenztem Interesse, da sie sich auf die Rechtsordnung der US-amerikanischen Gegenwartsgesellschaft beziehen.[4] Die meisten unserer zwischenmenschlichen Interaktionen sind nicht juristischer Natur – Gott sei Dank, möchte ich sagen –, weshalb uns der Fokus auf das Recht kaum Anhaltspunkte in Bezug auf die Rolle und das Wesen der Toleranz außerhalb dieser juristischen Kontexte gibt. David Lewis hat es sehr schön auf den Punkt gebracht:

> Gesetzlich verankerte Rechte sind bei weitem nicht die ganze Geschichte. Die Institutionen der Toleranz sind in weiten Teilen informell, eine Sache nicht des Rechts, sondern der Gepflogenheiten, der Gewohnheiten des Handelns und des Denkens. Selbst wenn uns das Gesetz machen ließe, wie wir wollten, würden viele von uns nichts tun wollen, was Menschen aufgrund der Meinungen, die sie vertreten, Leiden zufügt oder sie daran hinderte, ihren Meinungen Ausdruck zu verleihen.[5]

Wir müssen uns mit dem Wesen dieser Gepflogenheiten und Gewohnheiten beschäftigen, und zwar unabhängig von der Frage, was rechtlich wünschenswert wäre. Genau dies möchte hier jedenfalls im Ansatz tun.

Ich beginne mit einigen bekannten atheistischen Kritikpunkten an religiöser Toleranz. Aus zwei Gründen wird die Vorstellung, dass Atheisten die Religion – und Religionen sich wechselseitig – tolerieren sollten, häufig kritisiert: erstens, weil sie eine Art von Relativismus impliziere, eine »anything goes«-Haltung bezüglich Überzeugung und Wahrheit; und zweitens, weil sie auf einen laschen »Respekt« für religiöse Überzeugungen hinauslaufe. Beide Kritikpunkte sind irregeleitet: Toleranz impliziert weder Relativismus noch Respekt vor den Überzeugungen anderer.

Zuerst zum Relativismus. Dabei handelt es sich um die Auffassung, dass Wahrheit weltsicht- oder standpunktrelativ ist. Ein und dieselbe Behauptung kann demnach von einem Standpunkt aus gesehen wahr sein, aus einer anderen Perspektive hingegen nicht wahr. Beispielsweise impliziert der Relativismus, dass die Behauptung »Fleischverzehr ist immer falsch« vom Standpunkt eines bekennenden Vegetariers wahr ist, vom dem einer bekennenden Fleischesserin aber nicht. Behauptungen sind also nicht an sich wahr oder falsch – wenn man sagt, eine Behauptung sei wahr, muss man immer die Folgefrage beantworten: wahr für wen?

Einige Leute halten die Existenz von Meinungsverschiedenheiten für einen Grund, an den Relativismus zu glauben. Die Tatsache, dass der Vegetarier und die Fleischesserin niemals einer Meinung sein werden, gilt als Grund für die Annahme, dass beide auf ihre eigene Weise recht haben: der Vegetarier hat von seinem Standpunkt aus gesehen recht, die Fleischesserin von ihrem. Wie soll dieses Argument funktionieren? Wie gelangen wir von der Meinungsverschiedenheit zur relativen Wahrheit?

Gar nicht. Nur weil es Meinungsverschiedenheiten gibt, heißt das nicht, dass jedwede Wahrheit relativ ist. Wenn Sie und ich uneinig sind, an welchem Tag Erzherzog Franz Ferdinand dem Attentat zum Opfer fiel – angenommen, Sie sagen, es war im Juni 1914, während ich darauf poche, dass es im August 1914 war –, bedeutet das nicht, dass August 1914 als Datum des Attentats wahr für mich und Juni 1914 wahr für Sie ist. Wir können in diesem Fall ganz leicht herausfinden, wer recht hat und wer danebenliegt. Aber was ist, wenn das nicht geht, wenn also ein Streit nicht durch den Rekurs auf Tatsachen geklärt werden kann? Impliziert das einen Relativismus mit Blick auf den Gegenstand des Disputs? Erneut lautet die Antwort ganz klar nein. Es kann unmöglich sein, über die Wahrheit einer gewöhnlichen Tatsachenbehauptung aktuell zu entscheiden – dass ich vor zehn Jahren über 100 000 Haare auf dem Kopf hatte, zum Beispiel –, aber das bedeutet nicht, dass es keine Tatsache gibt im Hinblick darauf, wie viele Haare ich damals auf dem Kopf hatte. Es gab einen solchen Sachverhalt oder eine solche Tatsache; sie ist bloß auf der Müllhalde der Geschichte verschüttgegangen, wie so viele andere auch. Es spielt keine Rolle, ob irgendjemand heute zeigen kann, ob sie wahr ist.

Nun könnte man sagen, dass diese Einwände an der Sache vorbeigehen, weil der Relativismus im Grunde nur im Bereich der Moral einleuchtet, wie das Beispiel des Vegetarismus zeigt. Im Kontext moralischer Überzeugungen treffen wir häufig auf unversöhnliche Meinungsverschiedenheiten, und hier ist es keineswegs offensichtlich, dass es so etwas wie eine »Tatsache« gibt, an der sich die Dinge in die eine oder andere Richtung entscheiden. Welche Tatsache oder Tatsachen könnten etwa darüber befinden, ob der moralische Vegetarier recht hat oder nicht? Einige Leute sind der Ansicht, dass die Unklarheit mit Blick darauf, um welche Art von »Tatsache« es sich hier handeln könnte, einen zu der Schlussfolgerung führt, dass es keine objektiven moralischen Wahrheiten oder Fakten geben kann, eben weil es nichts gibt, das einen moralischen Disput schlichten könnte.

Allerdings ist nicht so ganz klar, wie das mit dem Relativismus zusammenhängt, denn der Relativismus sagt nicht, dass es *keine* moralischen Tatsachen oder Wahrheiten gibt. In der Philosophie gibt es viele Bezeichnungen für eine solche Auffassung – Nihilismus, Skeptizismus, Nonfaktualismus, Irrealismus –, aber Relativismus ist nicht darunter. Mit dem Relativismus ist die Auffassung gemeint, dass Wahrheit (ob moralisch oder nicht) relativ ist, und nicht, dass sie nicht existiert. Daher ist nicht zu sehen, inwiefern der Verweis auf die Unklarheit der Idee einer moralischen

Tatsache für den Relativismus spricht. Es mag zwar den Anschein haben, als gebe es hier eine Verbindung – »Wenn es nichts gibt, das gegebenenfalls klären kann, ob A in Bezug auf ein Streitthema recht hat oder B, dann muss die Wahrheit relativ zur Perspektive von A und B sein« –, aber sobald wir beginnen, diese Verbindung genauer zu prüfen, bricht sie auch schon zusammen.

Und das gilt auch für den Wahrheitsrelativismus. Dessen grundlegendes Problem besteht nämlich darin, dass er von denen, die ihn vertreten, nicht kohärent vertreten werden kann. Wenn *sämtliche* Wahrheit relativ ist, in welchem Sinn ist dann der Relativismus selbst wahr? Er kann nicht in einem absoluten, objektiven Sinn wahr sein, denn nichts ist ihm zufolge in diesem Sinn wahr. Der Relativismus kann also nur in ebenjenem Sinn wahr sein, den er selbst zulässt: relativ zu einem Kontext oder Standpunkt. Ist der Relativismus allerdings nur relativ wahr, dann kann er diejenigen unter uns, die keine Relativisten sind, nicht dazu bringen, ihn zu akzeptieren. Der Relativismus ist gemäß seiner eigenen Maßstäbe lediglich für Relativisten wahr, nicht aber für Leute, die keine Relativisten sind. Allem Anschein nach können wir ihn schlichtweg ignorieren.

Der Relativismus in Bezug auf Wahrheit scheint also ein Rohrkrepierer zu sein. Und doch gibt es diese merkwürdige Eigenschaft philosophischer Debatten über den Relativismus, dass diejenigen, die ihn verteidigen, ihn für offenkundig wahr halten, und diejenigen, die ihn angreifen, davon ausgehen, dass er offensichtlich falsch ist, vielleicht aus den gerade diskutierten Gründen. Das nährt den Verdacht, dass in diesen Debatten über unterschiedliche Dinge geredet wird, auch wenn dieselben Wörter benutzt werden (so wie W. V. O. Quine es einmal ausdrückte:

»Behauptungen, die oberflächlich auffällig falsch sind, [beruhen] auf verborgenen Unterschieden der Sprache«[6]). Und genau so verhält es sich gelegentlich mit dem Relativismus, denn auf den ersten Blick impliziert er offensichtliche Falschheiten. Er scheint zu implizieren, dass »Die Sonne kreist um die Erde« relativ zur vorkopernikanischen Weltsicht wahr, gemäß der unsrigen aber falsch ist. Wenn wir dann noch ergänzen, dass keine der beiden Weltsichten absolut richtig oder absolut falsch ist, sondern nur relativ gesehen, dann war die Behauptung, dass die Sonne um die Erde kreist, aus Sicht der Präkopernikaner nicht falsch. Somit hätte Kopernikus allerdings nicht gezeigt, dass seine Vorgänger sich geirrt haben, weil sie sich ja nicht geirrt haben. Was jedoch absurd ist. Wenn Kopernikus etwas gezeigt hat, dann, dass diese Astronomen sich geirrt haben.

Ist es wirklich so absurd? Angenommen, wir meinen mit »wahr gemäß ihrer Weltsicht« einfach nur, dass *es Teil ihrer Weltsicht ist*? Mit anderen Worten: Wir meinen lediglich, dass sie *denken*, es sei wahr – nicht, dass es wirklich wahr ist. Denn ihre Weltsicht könnte ja falsch sein. »Wahr gemäß der Weltsicht von X« sagt dann also nicht mehr als: *das ist es, was X glaubt oder denkt*. Das ist alles. Damit wird nicht behauptet, dass die Wahrheit selbst je nach Weltbild variiert, sondern nur, dass Menschen mit unterschiedlichen Weltbildern unterschiedliche Dinge für wahr halten. Ganz ohne Frage ist dies ein Teil dessen, was eine Weltsicht oder ein Weltbild ausmacht: eine Sammlung von Überzeugungen zu sein. Und wenn eine Sache »wahr für mich« ist, aber nicht »wahr für Sie«, gilt dasselbe, nämlich dass ich die fragliche Sicht der Dinge für wahr halte, Sie aber nicht. Das ist im Übrigen ganz und gar damit verträglich, dass einer von uns beiden im Recht ist und der andere sich irrt.

Wenn das mit Relativismus gemeint ist, hat er allerdings wenig mit der Idee der Wahrheit zu tun, sondern entpuppt sich als eine Konzeption, die etwas vollkommen Richtiges über Überzeugungen und Meinungsverschiedenheiten zu sagen hat: dass Menschen unterschiedliche Überzeugungen über die Welt haben, dass manche dieser Überzeugungen konfligieren und dass das Haben einer Überzeugung heißt, etwas für wahr zu halten. Das impliziert keineswegs, dass die Wahrheit *selbst* in irgendeiner anderen Hinsicht relativ ist. Die Wahrheit ist einfach, was sie ist.

Vielleicht ist mit Relativismus auch gemeint, dass wir vorsichtig und nicht zu dogmatisch sein sollten, wenn wir behaupten, etwas zu wissen. Uns sollte bewusst sein, dass sich so manche unserer früheren Ansichten als falsch herausgestellt hat, weshalb wir unsere gegenwärtigen mit einer gewissen Umsicht und nicht allzu rechthaberisch vertreten sollten. Wir sollten nicht ausschließen, dass wir uns irren könnten. Aber erneut impliziert das keinen Relativismus mit Blick auf die Wahrheit als solche. Sich geirrt zu haben heißt, zu entdecken, nicht recht zu haben – anders gesagt: zu entdecken, dass das, was wir glauben, nicht wahr ist. Diese Haltung scheint also die Idee einer absoluten Wahrheit eher vorauszusetzen als sie zu untergraben.

Folgendes könnte daher gemeint sein, wenn von Relativismus die Rede ist: Es gibt unterschiedliche Weltsichten; und wir sollten vorsichtig und undogmatisch sein. Das ist aber etwas anderes als die Vorstellung, die *Wahrheit selbst* sei relativ. Diese Vorstellung – dass, wie die Dinge sind, die Tatsachen, die Wirklichkeit etc., irgendwie von unserer Perspektive oder Weltsicht abhängt und es aufgrund dessen, dass unterschiedliche Weltsichten unterschiedlich sind, es auch unterschiedliche Wahrheiten gibt – kann nicht kohärent vertreten werden. Wenn der Relativismus aber inkohärent ist, dann ist es gut, dass die Lehre von der Toleranz ihn nicht im Schlepptau hat. Ich möchte die Lehre der Toleranz ja verteidigen, und es wäre ungünstig für mich, wenn sie etwas Inkohärentes implizierte. Das ist glücklicherweise nicht der Fall. Dennoch lohnt es sich, einen kurzen Blick auf den angeblichen Zusammenhang zwischen Toleranz und Relativismus zu werfen.

Dieser könnte sich infolge zweier Behauptungen über Toleranz aufdrängen: entweder weil man meint, Toleranz beinhalte das Eingeständnis, dass wir die Überzeugungen von Menschen nicht immer ändern *können*, oder weil man meint, Toleranz impliziere, dass wir zu dem Versuch, die Überzeugungen von Menschen zu ändern, kein *Recht* haben. Die erste Behauptung ist jedoch ein *non sequitur*, und die zweite hat nichts mit einem angemessenen Verständnis von Toleranz zu tun. Die erste Behauptung ist ein *non sequitur*, weil es schlichtweg eine Tatsache ist, dass wir die Überzeugungen von Menschen nicht immer ändern können – es handelt sich um eine Behauptung über Menschen, nicht über Wahrheit. Und sie ist vollkommen verträglich mit der Vorstellung einer absoluten und objektiven Wahrheit, die es »da draußen« gibt. Dass wir diese nichtrelativen Wahrheiten haben, sagt nichts darüber aus, ob wir andere von etwas überzeugen können – das hängt unter anderem von ihren individuellen Psychologien ab und von unserer Überzeugungskraft.

Die Behauptung, wir hätten kein »Recht«, die Überzeugung einer anderen Person zu ändern, hat per se nichts mit Toleranz zu tun. Tatsächlich ist die Idee der Toleranz sogar ziemlich gut damit vereinbar, dass wir jedes Recht haben, die Überzeugungen von anderen zu ändern, wenn diese (zum Beispiel) falsch sind. Schon die Institution der Erziehung unterstreicht das, denn schließlich ist Erziehung nichts anderes als der systematische Versuch, die Überzeugungen anderer zu verändern und im Idealfall zu verbessern.

Aber beinhaltet die Tolerierung einer Ansicht nicht zumindest, dass wir sie nicht missbilligen? Diese Vorstellung ist im öffentlichen Diskurs ziemlich weit verbreitet, aber sie stimmt nicht. Tatsächlich ist genau das Gegenteil der Fall, wie eine Reihe von Philosophinnen herausgearbeitet hat. Susan Mendus bringt es auf den Punkt: »Eine notwendige Bedingung der Toleranz ist das Vorliegen von Missbilligung oder Animosität.«[7] Etwas zu tolerieren *beinhaltet* also dessen Missbilligung: Man kann nur tolerieren, was man ablehnt oder sonst wie negativ beurteilt. Die Dinge, die ich mag – gute Musik oder gutes Essen zum Beispiel – oder die mir egal sind, *toleriere* ich nicht, anders als die scheußliche, laute Musik meiner Nachbarn und den üblen Geruch der Speisen, die sie bei ihren Partys servieren. All dies kann ich tolerieren, weil sie mir beispielsweise vorher in Sachen Party Bescheid gesagt haben, weil sie sich über den Lärm, den ich mache, auch nicht beschweren oder weil wir einfach gut miteinander auskommen und ich mit den Menschen in meiner Umgebung gut auskommen und unnötige Konflikte mit ihnen vermeiden möchte. Nichtsdestotrotz verabscheue ich ihre Musik und ihr übelriechendes Essen, und in einer idealen Welt würde ich es womöglich vorziehen, damit nichts zu tun haben zu müssen.

Dies bringt uns zum zweiten Standardeinwand gegen die Tolerierung religiöser Überzeugungen: dass Toleranz darauf hinausläuft, Ansichten zu respektieren, die keinen Respekt verdienen. Auch dieser Einwand ist – wie der über den Zusammenhang von Toleranz und Relativismus – Unfug und muss auseinandergenommen werden.

Selbstredend ist überhaupt nichts falsch oder widersprüchlich daran, wenn ein Atheist Aspekte einer religiösen Tradition oder religiöse Überzeugungen respektiert. Atheistinnen mögen die großartige Kunst oder Musik oder Architektur respektieren, ja sogar bewundern, die das Christentum hervorgebracht hat; und ebenso die Idee der Selbstaufopferung oder irgendwelche moralischen Ideale – etwa das einer grenzenlosen Barmherzigkeit oder jenes, das durch die Worte »Wer unter euch ohne Sünde ist, der werfe den ersten Stein« zum Ausdruck gebracht wird. Aber Atheisten sind nicht verpflichtet, religiöse Überzeugungen zu achten, nur weil sie sie tolerieren. Im Gegenteil und wie bereits gesagt: Toleranz gegenüber einer Sache impliziert, dass man sie ablehnt, missbilligt oder anderweitig negativ beurteilt. Wir tolerieren keine Ansichten, die wir im Grunde ganz okay finden oder nachvollziehbar, selbst wenn wir sie nicht teilen. Toleranz ist nicht Gleichgültigkeit.

Wenn man also die Religiösen toleriert, bringt man damit nicht zum Ausdruck, dass ihre Ansichten gleichfalls Respekt verdienen, und auch nicht, dass sie »ein Recht auf ihre eigenen Meinungen haben«. Wenn Ihre Meinungen abscheulich und bigott sind – wenn Sie der Auffassung sind, dass Ehebrecher gesteinigt werden sollten oder Ärzte, die Abtreibungen durchführen, getötet –, dann sind Sie zu diesen Meinungen nicht berechtigt, und Sie verdienen auch nicht den geringsten Respekt von irgendjemandem. Die Vorstellung, alle Ansichten oder Meinungen müssten respektiert werden, ist vollkommen falsch.

Dass zwar nicht alle Meinungen, aber alle *Menschen* Respekt verdienen, kommt der Wahrheit schon näher. Es ist eine Weise, das Ideal liberaler Gesellschaften auszudrücken, dem zufolge jede Person in einem bestimmten Sinne als eine zählt, und keine mehr als das. Dieses Ideal nimmt in der Praxis der Demokratie die Form der Wahlgleichheit an (»eine Person, eine Stimme«) und ist auch mit der Vorstellung verknüpft, dass liberale Gesellschaften »Gesellschaften von Gleichen« sind (sowie ganz offensichtlich mit der christlichen Idee, dass Gott uns alle gleichermaßen liebt).

Was auch immer das genau heißt, es kann damit nicht gemeint sein, dass die moralische Beurteilung bei jeder Person gleich ausfällt – manche Menschen sind niederträchtig und manche sind gütig, gleiche Achtung kann also nicht bedeuten, dass sie alle dasselbe moralische Zeugnis ausgestellt bekommen. Noch kann damit gemeint sein, dass das Leben einer jeden Person gleichermaßen wertvoll im Sinne von lebenswert ist – das heißt die gleiche Menge an Wert besitzt. Das kann nicht stimmen – viele Menschen leben traurige und leidgetränkte Leben, ohne Freude, Glück und Befriedigung. Andere Leben sind reich an Liebe und Freundschaft, voller Glück, Erfolg und anderer Dinge, die zufrieden machen. Respekt zu verdienen ist keine Aussage über die Qualität der Leben von Menschen, sondern vielmehr eine darüber, wie Menschen behandelt werden sollten: als autonome Handelnde, die gleich sind vor der Moral und vor dem Gesetz. Das entspricht einer der tiefsten Einsichten Immanuel Kants, der zufolge die Moral verlangt, Menschen niemals bloß als Mittel, sondern als Zweck an sich selbst zu behandeln. Und wir können Menschen in diesem Sinne Respekt entgegenbringen, ohne ihre Ansichten zu respektieren.

Ich habe argumentiert, dass Toleranz nicht verlangt, die Meinungen, die man toleriert, zu respektieren. Aber sie geht damit einher, Menschen als autonome Individuen in diesem breiten Kantischen Sinne zu achten. Einige Autoren widersprechen. Tariq Ramadan zum Beispiel scheint zu denken, dass Toleranz dem Respekt für andere *entgegensteht*. Sein Argument geht so: »Wenn es um die Beziehungen zwischen freien und gleichen menschlichen Wesen geht, zwischen autonomen und unabhängigen Nationen oder zwischen Zivilisationen, Religionen und Kulturen, dann sind wechselseitige Toleranzappelle nicht länger von Relevanz.« Denn »wenn wir auf Augenhöhe sind, dann geht es nicht mehr darum, Toleranz zu gewähren, sondern darüber hinauszuwachsen und uns selbst beizubringen, andere zu respektieren«.[8] Doch warum sollten wir denken, wir müssten andere nicht mehr tolerieren, wenn wir lernten, sie zu respektieren? Frank Furedi versteht Ramadan so, dass dieser Toleranz für einen verkappten Paternalismus hält und glaubt, dass wir das auch erkennen würden, sobald wir uns von einer solchen moralisch bevormundenden Position verabschieden und die wahre relativistische Position beziehen.[9]

Aber Toleranz ist nicht Paternalismus. Der Paternalismus besagt, man solle in das Leben von Menschen eingreifen, und zwar in deren eigenem besten Interesse, wohingegen zur Toleranz gehört, mit anderen, die andere Ansichten haben, zusammenzuleben, ohne stets und ständig zu intervenieren. Was soll moralisch bevormundend daran sein, wenn ich, obgleich ich anderer Ansicht bin und glaube, dass mein Gegenüber im Unrecht ist, trotzdem keinerlei Versuch unternehme, dessen oder deren Überzeugung oder Verhalten zu ändern?

Darüber hinaus ignoriert Ramadan die Unterscheidung zwischen Ansichten respektieren und Menschen respektieren, die meines Erachtens die einzige Möglichkeit ist, dem generellen Verweise auf »Respekt« einen Sinn abzugewinnen. Menschen zu respektieren ist wie gesagt völlig damit vereinbar, ihre Ansichten für falsch, verwirrt, irrational oder bösartig zu halten. Ein so verstandener Respekt würde beispielsweise beinhalten, dass man diejenigen, die sich in ihrem Verhalten von falschen oder widerlichen Ansichten leiten lassen, immer noch als autonome menschliche Wesen behandelt, die für ihre Taten verantwortlich sind. Implementiert im Recht oder in einem politischen System, schlägt sich Respekt unter anderem in der Gleichheit aller Bürgerinnen vor dem Gesetz, im Schutz vor willkürlicher Einmischung und im Wahlrecht nieder.

Toleranz hat daher nichts damit zu tun, die Empfindlichkeiten von Leuten mit anstößigen Meinungen zu respektieren. Ich teile die Auffassung, dass wir die Sensibilitäten derer, die meinen, Romanschriftsteller oder Karikaturisten sollten getötet werden, nicht respektieren sollten, und zwar ganz gleichgültig, als wie beleidigend sie deren Werke empfinden. Wir sollten diese Meinungen nicht respektieren, weil sie nicht respektabel sind. Aber man kann Menschen tolerieren, ohne ihre Meinungen zu achten.

Die Grenzen der Toleranz

Das Ergebnis der vorangegangenen Diskussion lautet: Toleranz ist nicht mit der Auffassung zu verwechseln, das »alles geht«, dass alle Meinungen ebenso gut wie alle anderen sind. Das wäre Ausdruck einer falschen Theorie über die

Wahrheit oder die Richtigkeit von Meinungen. Nach meinem Verständnis ist Toleranz vielmehr eine *praktische* Haltung gegenüber den *Vertretern* dieser Meinungen. Sie beinhaltet, den Menschen im Großen und Ganzen zu gestatten, mit ihren Meinungen zu leben und mit dem, was sie auf der Grundlage dieser Meinungen tun. Außerhalb des Kontexts der Erziehung haben wir keinerlei allgemeine Pflicht, die Meinungen anderer zu ändern; und wir haben auch keine Pflicht, uns in das Tun anderer einzumischen, jedenfalls innerhalb von gewissen Grenzen.

Aber welche Grenzen sind das? Welche Beschränkungen führt die Toleranz mit sich? Wann sollten wir aufhören, das Verhalten anderer zu tolerieren? Einer vernünftigen Toleranzlehre zufolge wäre es absurd, jegliches Verhalten seitens derer, mit denen wir im Clinch liegen, akzeptieren zu müssen. Es muss möglich sein, eine tolerante Person zu sein und doch nicht jedwede anstößige Handlung zu tolerieren. Ein Bekenntnis zur Toleranz ähnelt in dieser Hinsicht einem Bekenntnis zur Meinungsfreiheit oder Demokratie. Eine vernünftige Konzeption der Meinungsfreiheit sollte (zum Beispiel) nicht implizieren, dass im öffentlichen Raum geäußerte Obszönitäten kontinuierlich via Fernsehen übertragen werden dürfen. Und eine vernünftige Konzeption der Demokratie sollte (zum Beispiel) nicht implizieren, dass alle Regierungsentscheidungen durch eine Volksabstimmung bestätigt werden müssen. Man kann sich zur Meinungsfreiheit bekennen und trotzdem der Auffassung sein, dass gewisse Meinungsäußerungen verboten sein sollten; und man kann eine Verfechterin der Demokratie sein und doch glauben, dass Regierungen im Namen des Volkes Entscheidungen fällen dürfen, die das Volk nicht abzusegnen braucht (und die es gegebenenfalls sogar ablehnen würde, wenn es gefragt würde). Ähnlich verhält es sich mit der Toleranz. Atheisten können – und sollten – ein breites Spektrum der von ihnen missbilligten religiösen Verhaltensweisen tolerieren und indirekt auch die diesen zugrundeliegenden religiösen Überzeugungen, ohne zu denken, dass sie sie alle erlauben sollten.

Aber was heißt es, bestimmte Verhaltensweise zu »erlauben«? *Eine* Antwort zeigt in die Richtung rechtlicher und politischer Verbote. Nicht tolerieren sollten wir Verhaltensweisen, die gegen das Gesetz verstoßen, solange die Gesetze ihrerseits vernünftig und kohärent formuliert sind. Welche Handlungen gesetzlich verboten sein sollten, mag in extremen Fällen – Mord, weiblicher Genitalverstümmelung und dergleichen – auf der Hand liegen, aber es gibt natürlich auch Grenzfälle. Wie immer besteht die schwierige Aufgabe darin zu entscheiden, welche Grenzen wo genau zu ziehen sind; und ich kann zu diesen diffizilen Detailfragen nichts Neues beitragen. Aber wir sollten uns alle im Klaren darüber sein, dass eine Grenze gezogen werden sollte: Zu erforschen, in welchem Umfang säkulare oder überwiegend areligiöse liberale Staaten religiöse Verhaltensweise inkorporieren können, gehört aus meiner Sicht ganz klar zu den vordringlichsten Aufgabe der liberalen politischen Philosophie.

Hier interessiert mich allerdings nicht so sehr die politische und rechtliche Seite, sondern wie wir Atheisten Toleranz in unseren Leben als Individuen realisieren können. In unseren je individuellen Leben ist die Frage, welche Dinge zu tolerieren sind, in einer Hinsicht einfacher zu beantworten als im Kontext von Politik und Recht, in einer anderen aber auch schwieriger. Einfacher ist es, weil wir in dem Fall, in dem eine Person ein Gesetz bricht, keine Verpflichtung haben, sie zu tolerieren (außer natürlich dann, wenn das Gesetz schlecht begründet, schlecht formuliert, trivial oder moralisch korrupt ist). Jedoch ist es auch schwieriger zu entscheiden, was zu tun ist, wenn wir mit religiösen Verhaltensweisen konfrontiert sind, die zwar nicht verboten, aber nichtsdestotrotz anstößig sind. Auf den letzten Seiten dieses Buch werde ich dazu ein paar Bemerkungen machen und versuchen, einige allgemeine normative Schlussfolgerungen zu ziehen.

Kehren wir zur Frage des Respekts zurück. In einer verdienstvollen Auseinandersetzung mit diesem Thema kommt Simon Blackburn auf folgende Begebenheit zu sprechen: Er war zum Abendessen bei jüdischen Kollegen eingeladen und wurde aufgefordert, an einer Zeremonie teilzunehmen. Blackburn sagt nicht, worum es genau ging, aber es handelte sich klarerweise um etwas relativ Unkompliziertes, Triviales (»einen Hut aufsetzen oder etwas in der Art«). Er lehnte ab, und als man ihm erklärte, er werde lediglich gebeten, Respekt für die Ansichten seiner Gastgeber zu zeigen, entgegnete er, dass er es noch nicht einmal aus diesem Grund tun könne. »Der Abend«, so berichtet er, »war danach im Eimer«.[10]

Die Episode wirft interessante Fragen für diejenigen auf, die an die Toleranz religiöser Praktiken glauben. Auf der einen Seite stimme ich Blackburn dahingehend zu, dass wir nicht alle Ansichten, die wir missbilligen, respektieren sollten. Wir können die Menschen, die diese Ansichten vertreten, respektieren, und zwar in dem zuvor beschriebenen abstrakt-moralischen Sinn, und wir sollten nichts dagegen haben, dass sie ihre Riten praktizieren, solange diese keine moralisch anstößigen Praktiken beinhalten, aber wir sind gewiss nicht aufgrund irgendeines Toleranzprinzips dazu verpflichtet, ihre Ansichten zu respektieren. Zudem wirkt das Beharren der Gastgeber, Blackburn möge diese Ansichten qua Teilnahme an dem Ritus respektieren, unbedacht, ja sogar übergriffig. Auf der anderen Seite hat die Weigerung, sich an dieser vergleichsweise trivialen Sache zu beteiligen, auch wenn es sich dabei um den Ausdruck einer Überzeugung handelt, die man rundweg als falsch oder sogar widersinnig ablehnt, etwas Kleinliches und Rüpelhaftes. Welcher Schaden würde angerichtet, wenn man bei diesem Anlass im Geiste der Freundschaft oder einfach nur aus Höflichkeit mitmachen würde? Ist es wirklich von so großem Wert, die eigene Integrität und Standfestigkeit gegen Scheinheiligkeit öffentlich zur Schau zu stellen, auch um den Preis, damit ein solches Beisammensein zu ruinieren? Vielleicht ist das letztlich eine Geschmacksfrage, und unterschiedliche Menschen haben eben unterschiedliche Geschmäcker.

Man könnte meinen, das Beispiel zeige, dass es im Grunde lediglich um Fragen der Höflichkeit und gesellschaftlichen Nettigkeiten geht. Aber schauen wir uns ein anderes Beispiel an, in dem es um einen ernsteren religiösen Ritus geht und das aus meinem eigenen Erfahrungsschatz stammt. Vor einigen Jahren war ich auf dem jüdischen Begräbnis eines Kollegen und Bekannten, der plötzlich im mittleren Alter und bei bester Gesundheit gestorben war. Das Begräbnis, das gemäß der Tradition einen Tag oder so nach dem Todesfall abgehalten wurde, war sehr emotional, und es nahmen Juden und Nichtjuden daran teil. An einem bestimmten Punkt während der Zeremonie wurde ein Beutel mit Kippas herumgereicht, und jeder, der noch keine trug, nahm sich eine heraus und setzte sie sich auf. Mindestens 100 Menschen waren anwesend. Wie alle anderen auch setzte ich mir die Kippa auf den Kopf, und nichts daran fühlte sich merkwürdig oder unstimmig an. Aber wäre es nicht besser gewesen, die Kippa höflich abzulehnen, und zwar deshalb, weil es falsch ist, sich an Praktiken zu beteiligen, »bei denen es sich um den Ausdruck einer Überzeugung handeln könnte, die ich nicht teile«, um Blackburns Worte zu benutzen?[11] Vermutlich würden viele Atheisten in einem Kontext wie einer Beerdigung fünfe gerade sein lassen. Darauf zu beharren, einzig und allein in Übereinstimmung mit den eigenen ziemlich abstrakten Überzeugungen zu handeln, zeugt nicht nur von fehlender Höflichkeit, sondern kann auch einen Mangel an Sensibilität für Dinge demonstrieren, die viel wichtiger sind als die eigene Forscherintegrität. Bei dem Begräbnis ging es weder um mich noch um meine atheistischen Überzeugungen, sondern einzig und allein um die Rätselhaftigkeit und Traurigkeit eines frühen Todes sowie darum, sich mit den Trauernden gemeinschaftlich und menschlich verbunden zu zeigen.

Es wird allerdings auch Fälle geben, in denen sich eine echt tolerante Haltung damit verträgt, seine Stimme für die eigenen Überzeugungen zu erheben. Wenn eine Religion verlangt, dass Frauen bestimmte Dinge nicht tun dürfen, weil sie Frauen sind – zum Beispiel Priesterinnen oder Bischöfinnen in einer Kirche werden –, dann werden Feministinnen gegen diese Sicht der Dinge Einspruch erheben wollen, weil sie Frauen herabsetzt, sie gewissermaßen als Menschen zweiter Klasse behandelt und ihnen Möglichkeiten der spirituellen Erfüllung vorenthält, die Männern offenstehen. Um sich dagegen aufzulehnen, muss man nicht in die entsprechenden Praktiken eingreifen, was vielleicht ohnehin nicht möglich oder praktikabel wäre. Aber

Toleranz muss nicht heißen, dass man Ansichten, die man inakzeptabel findet, still und leise erduldet.

Es gibt also Gelegenheiten, bei denen eine tolerante Person berechtigterweise gegen die religiösen Überzeugungen anderer opponieren kann, selbst wenn sie zugleich deren Verhaltensweisen toleriert. Sollte man den Versuch unternehmen, solche Überzeugungen zu ändern? Und falls ja: wie? Ganz klar scheint mir zu sein, wie man *nicht* vorgehen sollte: indem man darauf hinweist, dass diese Überzeugungen Bestandteil einer unwissenschaftlichen oder überholten Kosmologie oder Weltsicht sind. Das wird mit großer Wahrscheinlichkeit nicht zielführend sein. Wer wie so viele Gelehrte und Akademikerinnen sein Leben dem Streben nach theoretischer Wahrheit oder Tataschenwahrheit gewidmet hat, überschätzt gern die Wirksamkeit und auch den Wert des Aktes, andere auf ihre Fehler hinzuweisen. In Allianz mit neuatheistischen Ansichten über das Wesen der Religion und über ihren Beitrag zu den Problemen der Welt kann das auf Versuche hinauslaufen, die eigenen intellektuellen Fähigkeiten in Debatten über Religion auszuspielen, indem man den Religiösen demonstriert, warum und inwiefern ihre Überzeugungen irrational sind, auf logischen Fehlschlüssen basieren oder sich als Relikte museumsreifen Aberglaubens erweisen; oder alles zusammen.

Wie gesagt: Solche Versuche sind nur selten von Erfolg gekrönt. Die Neuen Atheisten verweisen auf den einen oder anderen Konvertiten, und ihre Bücher haben zweifelsohne denjenigen Beistand geleistet, die das Gefühl hatten, dass ihr Leben in verschiedenen Hinsichten von der Religion zerstört wurde. Aber ihre Argumente erreichen die riesige Mehrheit der Gläubigen nicht, und von den Religionswissenschaftlern werden sie zur Seite gelegt, weil sie aus ihrer Sicht am Thema vorbeigehen. Klar, es ist immer möglich, diese Wissenschaftler der Selbsttäuschung zu bezichtigen und die Gläubigen der Ignoranz oder Irrationalität, aber es fällt schon auf, dass keine der beiden Seiten eine nennenswerte Reaktion zeigt. Die Religiösen erkennen sich in den neuatheistischen Beschreibungen einfach nicht wieder, und außer dem Verweis auf deren hartnäckige Irrationalität etc. haben die Neuen Atheisten dafür keine Erklärung parat. Deshalb kommen ihre Einwände gegen die Religion im Stile von Moralisierungen rüber, wenn man darunter, mit Raymond Geuss gesagt, »ein moralisches Urteil [versteht], das in einem unpassenden Kontext gefällt wird, das heißt in einem Kontext oder in einer Weise vorgetragen wird, der oder die ihm anscheinend zu viel von der falschen Sorte von Signifikanz oder Wirksamkeit zuschreibt«.[12]

Das Bild von der Religion, das ich in diesem Buch skizziert habe, erklärt, warum die Neuen Atheisten solche Mühe haben, sich bei den Religiösen Gehör zu verschaffen. Es liegt einfach daran, dass ihre Konzeption des religiösen Glaubens so grundlegend falsch ist. In meinem Bild besteht die Religion in einer Kombination aus zwei Elementen: dem religiösen Impuls und der Identifikation, und die Verbindung zwischen beiden wird durch die Idee des Heiligen gestiftet. Nichts davon passt zur neuatheistischen Konzeption der Religion als einer protowissenschaftlichen Theorie oder einer protowissenschaftlichen Theorie ergänzt um einen Moralkodex. Weil es den Neuen Atheisten nicht gelingt, den Kern der Religion zu erkennen, sind sie unfähig, sich auf irgendeine sinnvolle Weise auf ihre Gegner einzulassen.

Hätten die Neuen Atheisten eine treffendere Konzeption der Religion, bräuchten sie allerdings auch andere Argumente, um sie zu kritisieren. Wenn der Inhalt des religiösen Impulses nicht von der Art einer empirischen, wissenschaftlichen Hypothese ist, dann laufen Argumente, die auf die geringe Erklärungskraft religiöser Überzeugungen als Hypothesen abzielen, ziemlich ins Leere. Wenn es nicht wahr ist, dass es eine direkte Verbindung oder einen klaren Zusammenhang zwischen Gewalt, Gräueltaten, Irrationalität und religiösem Glauben gibt, oder wenn es wahr ist (was gewiss der Fall ist), dass sich die überwältigende Mehrheit der Milliarden von religiösen Menschen von der Gewalt der kleinen Minderheit abgestoßen fühlt, dann werden sich nur wenige von den Argumenten Richard Dawkins', Christopher Hitchens' und Kollegen tangieren lassen, wonach die Religion – und nicht psychische Störungen, Armut, Ausbeutung, nationalistische Aggression, Globalisierung und zahlreiche andere komplexe Faktoren – die Ursache ihrer Probleme ist.

Mit dem Vorschlag, der Religion mit Toleranz und Verstehen zu begegnen, soll nicht suggeriert werden, dass die aktuelle Lage keinen Grund zur Sorge bereitet, wir uns also gemütlich zurücklehnen und die Hände in den Schoß legen können. Im Gegenteil: Um den Atheismus voranzubringen, scheint mir der »Weg der Toleranz« deutlich realistischer und aussichtsreicher zu sein als der – ich nenne ihn mal so – »Weg der Bekehrung«, den die Neuen Atheisten einschlagen. Ohne Frage steht die Welt vor enormen Herausforderungen, und bei manchen von ihnen gibt es einem starken Zusammenhang mit mächtigen religiösen Traditionen. Über unsere Einstellung zur Religion zu theoretisieren ist aber nutzlos, wenn es sich nicht auf die konkrete Situation, in der wir uns befinden, anwenden lässt. Aus diesem Grund benötigen wir ein angemessenes Verständnis des Wesens religiöser Überzeugungen und das richtige Gespür dafür, was realistisch betrachtet überhaupt erreicht werden kann, und wie es erreicht werden kann, um die Lage zu verbessern.

So gesehen wirkt die Kampagne der Neuen Atheisten gegen die Religion über Gebühr optimistisch und idealistisch. Religiöser Glaube lässt sich sehr wahrscheinlich nicht mittels wissenschaftlicher Beweise entfernen, und die Tatsache, dass er in einigen Teilen der Welt auf dem Rückzug ist und in anderen auf dem Vormarsch, ist das Ergebnis kontingenter kultureller Traditionen und politischer Faktoren, die meist wenig mit rationalen Argumenten zu tun haben. Anders als einige Atheisten denken, führt ein Zuwachs an Bildung nicht immer zu einem Rückgang der Religion. Die Vereinigten Staaten verfügen über das höchstentwickelte und bestfinanzierte Hochschulsystem der Welt, und doch blüht die Religion (vor allem das Christentum) dort ebenso auf wie in einigen der ärmsten Teile der Welt. Und immer noch findet man unter den topausgebildeten Absolventen der amerikanischen Universitäten – ja sogar unter den Naturwissenschaftlerinnen und Philosophen – ebenso Gläubige wie auch unter denen, die nur wenig mit den Wissenschaften in Berührung gekommen sind. Die optimistische Sicht der Dinge, der zufolge die Religion angesichts von Wissenschaft und Vernunft verkümmern wird, hat die Tatsachen nicht auf ihrer Seite.

Dieser Optimismus mag von dem Wunsch herrühren, den Menschen die Wahrheit zu vermitteln, oder von der Überzeugung, dass es immer besser ist, die Wahrheit zu kennen, als sie nicht zu kennen. Es ist schwer, die Anziehungskraft dieses Ideals zu leugnen. Wie kann eine seriöse

Intellektuelle oder Lehrerin behaupten, es sei besser, im Falschen zu leben? Aber natürlich hängt der praktische Wert eines solchen Ideals davon ab, inwieweit es tatsächlich erreicht werden kann. Und ob es erreicht werden kann, hängt nicht nur davon ab, ob andere dafür empfänglich sind, ihre Meinungen geändert zu bekommen, sondern auch davon, ob es einen Kommunikationskanal gibt, auf dem alternative Überzeugungen zum Ausdruck gebracht werden können. In großen Teilen der Welt gibt es weder solche Kanäle noch eine nennenswerte Empfänglichkeit dafür, sich von der Religion abbringen zu lassen. Dies ist einer der Gründe, warum ich die neuatheistische Sichtweise als optimistisch und idealistisch bezeichne.

Im Gegensatz dazu ist der Weg der Toleranz die realistischere (und daher auch pessimistischere) Antwort auf die Wirklichkeit der Religion und der menschlichen Natur als der idealistische Optimismus der Neuen Atheisten. Atheisten werden die Religion nicht eliminieren, weder durch Gesetze noch durch rationale Argumentation. Bei den Problemen, vor denen die Welt gegenwärtig steht, handelt es sich um politische Probleme, zu deren Lösung es der Kooperation, der Koordination und der Kompromisse bedarf. Jeder Vorschlag, wie Atheisten und Theisten zusammenleben sollen, muss sich letzten Endes dem Faktum stellen, dass weder die Religion noch der Säkularismus verschwinden werden. Das Minimalziel ist friedliche Koexistenz, das Maximalziel eine Art Dialog unter denen, die sehr unterschiedliche Sichtweisen der Wirklichkeit haben. Es wird sehr schwierig sein, einen solchen echten Dialog in Gang zu bringen; der erste Schritt in diese Richtung muss aber darin bestehen, dass jede Seite ein angemessenes Verständnis von der Sichtweise des Gegenübers entwickelt.

Anmerkungen

Vorwort

1 John Gray, *Black Mass. Apocalyptic Religion and the End of Utopia*, London 2007, S. 208 (dt.: *Politik der Apokalypse. Wie Religion die Welt in die Krise stürzt*, übers. v. Christoph Trunk, Stuttgart 2009, S. 323).

1. Religion und der Standpunkt des Atheisten

1 Pew Research Center, »The Global Religious Landscape«, Stand 18. Dezember 2012, siehe ⟨http://www.pewforum.org/2012/12/18/global-religious-landscape-exec/⟩, letzter Zugriff am 11.3.2019.
2 »[D]efinirbar ist nur Das, was keine Geschichte hat.« – Friedrich Nietzsche, *Zur Genealogie der Moral. Eine Streitschrift*, in: ders., *Kritische Studienausgabe*, hg. v. Giorgio Colli u. Mazzino Montinari, München u. a. 1988, Bd. 5, S. 245-412, hier: S. 317.
3 Émile Durkheim, *Die elementaren Formen des religiösen Lebens*, übers. v. Ludwig Schmidts, Frankfurt/M. 2007, S. 16.
4 William James, *The Varieties of Religious Experience*, New York 1902, S. 26 (dt.: *Die Vielfalt religiöser Erfahrung*, übers. v. Eilert Herms u. Christian Stahlhut, Frankfurt/M., Leipzig 1997, S. 59.)
5 Karen Armstrong, *Fields of Blood. Religion and the History of Violence*, London 2014, S. 2 (dt.: *Im Namen Gottes. Religion und Gewalt*, übers. v. Ulrike Strerath-Bolz, München 2015, S. 12f.).
6 James, *Varieties*, S. 26 (dt.: *Vielfalt*, S. 59).
7 James Tartaglia, *Philosophy in a Meaningless Life*, London 2015.
8 Simon Blackburn im Interview mit Rick Lewis, in: *Philosophy Now* 99 (2013), online unter: ⟨https://philosophynow.org/issues/99/Simon_Blackburn⟩, letzter Zugriff am 11.3.2019.

9 Armstrong, *Fields of Blood*, S. 3 (dt.: *Im Namen Gottes*, S. 15).
10 »Making sense of things« – Diese Phrase entnehme ich A.W. Moores Buchtitel *The Evolution of Modern Metaphysics. Making Sense of Things*, Cambridge 2012.
11 Thomas Nagel, *Secular Philosophy and the Religious Temperament*, Oxford 2010, S. 5.
12 Ebd., S. 6.
13 John Cottingham, *The Meaning of Life*, London 2003, S. 10.
14 Durkheim, *Die elementaren Formen des religiösen Lebens*, S. 47.
15 Daniel C. Dennett, *Breaking the Spell. Religion as a Natural Phenomenon*, New York 2006, S. 9 (dt.: *Den Bann brechen. Religion als natürliches Phänomen*, übers. v. Frank Born, Frankfurt/M., Leipzig 2008, S. 24; im Orig. kursiv).
16 A.C. Grayling, *Against all Gods. Six Polemics on Religion and an Essay on Kindness*, London 2007, S. 29.
17 Richard Dawkins, *The God Delusion*, London 2006, S. 52 (dt.: *Der Gotteswahn*, übers. v. Sebastian Vogel, Berlin 2016, S. 46; im Orig. kursiv).
18 Pascal Boyer, *Religion Explained. The Evolutionary Origins of Religious Thought*, New York 2010, S. 10 (dt.: *Und Mensch schuf Gott*, übers. v. Ulrich Enderwitz, Monika Noll u. Rolf Schubert, Stuttgart 2004, S. 20).
19 Durkheim, *Die elementaren Formen des religiösen Lebens*, S. 53; siehe auch Boyer, *Religion Explained*, S. 7 (dt.: *Und Mensch schuf Gott*, S. 16f.).
20 Louise M. Antony (Hg.), *Philosophers without Gods. Meditations on Atheism and the Secular Life*, Oxford 2007, Schutzumschlag Rückseite.
21 Julian Baggini, *Atheism. A Very Short Introduction*, Oxford 2003, S. 10.
22 David Bentley Hart, *Atheist Delusion. The Christian Revolution and its Fashionable Enemies*, New Haven 2009, S. 11.
23 1. Kor 15,14 (nach der Einheitsübersetzung 2016. Nach der Luther-Bibel 2017: »Ist aber Christus nicht auferweckt worden, so ist unsre Predigt vergeblich, so ist auch euer Glaube vergeblich.« A. d. Ü.)
24 Ronald Dworkin, *Religion without God*, Cambridge (Mass.) 2013, S. 1f. (dt.: *Religion ohne Gott*, übers. v. Eva Engels, Berlin 2014, S. 11).
25 Alain de Botton, *Religion for Atheists. A Non-believer's Guide to the Uses of Religion*, London 2012, S. 17 (dt.: *Religion für Atheisten. Vom*

Nutzen der Religion für das Leben, übers. v. Anne Braun, Frankfurt/M. 2013, Kap. I, Abschn. 3, Zitat: S. 17).
26 Dawkins, *The God Delusion*, S. 262 (dt.: *Der Gotteswahn*, S. 318).
27 American Humanist Association, »Humanist Manifesto I«, 1933, ⟨https://americanhumanist.org/what-is-humanism/manifesto1/⟩, letzter Zugriff am 9.4.2019.
28 Zum Beispiel die South Place Ethical Society in London (deren Anfänge sogar bis ins späte 18. Jahrhundert zurückreichen, A.d.Ü.), siehe ⟨https://conwayhall.org.uk/ethical-society/beginnings/⟩, letzter Zugriff am 10.4.2019.
29 John Gray, *Gray's Anatomy. Selected Writings*, London 2009, S. 15.
30 Richard Dawkins, »The Future Looks Bright«, in: *The Guardian* vom 21.6.2003, online unter: ⟨https://www.theguardian.com/books/2003/jun/21/society.richarddawkins⟩, letzter Zugriff am 10.4.2019.
31 Richard Norman, *On Humanism*, London 2004, S. 26.
32 Siehe ⟨https://humanists.international/what-is-humanism/⟩, letzter Zugriff am 11.4.2019.
33 Norman, *On Humanism*, S. 24.
34 John Gray, *Black Mass. Apocalyptic Religion and the Death of Utopia*, London 2007, S. 189 (dt.: *Politik der Apokalypse. Wie Religion die Welt in die Krise stürzt*, übers. v. Christoph Trunk, Stuttgart 2009, S. 291; Übers. leicht geändert, A.d.Ü.).
35 Derek Penn, Keith J. Holyoak, Daniel J. Povinelli, »Darwin's Mistake. Explaining the Discontinuity between Human and Nonhuman Minds«, in: *Behavioral and Brain Sciences* 31 (2008), S. 109-178, hier S. 109.
36 Jeremy Bentham, *An Introduction to the Principles of Morals and Legislation*, hg. v. J.H. Burns u. H.L.A. Hart, Oxford 1970, S. 283, Fn. (dt.: *Eine Einführung in die Prinzipien der Moral und der Gesetzgebung*, übers. v. Irmgard Nash u. Richard Seidenkranz, Saldenburg 2013, S. 312, Fn.).

2. Der religiöse Impuls

1 William James, *The Varieties of Religious Experience*, New York 1902, S. 53 (dt.: *Die Vielfalt religiöser Erfahrung*, übers. v. Eilert Herms u. Christian Stahlhut, Frankfurt/M., Leipzig 1997, S. 85).
2 Simon Blackburn im Interview mit Rick Lewis, in: *Philosophy Now*

99 (2013), online unter: ⟨https://philosophynow.org/issues/99/Simon_Blackburn⟩, letzter Zugriff am 11.3.2019.
3 George Herbert, »The Elixir«, in: ders., *The Complete English Poems*, hg. v. John Tobin, London 2005, S. 174. (In einer persönlichen Mitteilung schlägt der Herbert-Übersetzer Wolfgang Kaußen als Übertragung vor: »Fegt jemand einen Raum, als sei's nach Deinem Wort, / Wird schön sein ganzes Tun, und nicht allein der Ort.« A. d. Ü.)
4 Max Weber, »Wissenschaft als Beruf«, in: ders., *Gesammelte Aufsätze zur Wissenschaftslehre*, hg. v. Johannes Winckelmann, Tübingen ⁶1985, S. 581-613, hier S. 593.
5 Philip Larkin, »Aubade«, in: ders., *Collected Poems*, hg. v. Anthony Thwaite, London 2003, S. 208 (dt.: *Aubade*, in: ders., *Nachwelt. Die besten Gedichte*, ausgewählt, übertragen und mit einem Kommentar versehen von Ulrich Horstmann, zweisprachige Ausgabe, Dietzenbach 2018, S. 181 f., hier S. 182; Übers. leicht grammatisch angepasst, um sie hier in den Satzfluss integrieren zu können; A. d. Ü.).
6 Kenneth Taylor, »Without the Net of Providence: Atheism and the Human Adventure«, in: Louise M. Antony (Hg.), *Philosophers without Gods. Meditations on Atheism and the Secular Life*, Oxford 2007, S. 150-164, hier S. 150.
7 Larkin, »Aubade«, S. 208 (dt.: S. 181).
8 Thomas Nagel, *Secular Philosophy and the Religious Temperament*, Oxford 2010, S. 8
9 Weber, »Wissenschaft als Beruf«, S. 592.
10 Siehe z. B. Justin L. Barrett, »Exploring the Natural Foundations of Religion«, in: *Trends in Cognitive Science* 4 (2000), S. 29-34.
11 James, *Varieties*, S. 27 (dt.: *Vielfalt*, S. 60).
12 Nagel, *Secular Philosophy*, S. 6.
13 John Gray, *Gray's Anatomy. Selected Writings*, London 2009, S. 15.
14 Richard Dawkins, *The God Delusion*, London 2006, S. 52 (dt.: *Der Gotteswahn*, übers. v. Sebastian Vogel, Berlin 2016, S. 46; im Orig. kursiv).
15 Christopher Hitchens, *God Is Not Great. How Religion Poisons Everything*, New York 2007, S. 66 f. (dt.: *Der Herr ist kein Hirte. Wie Religion die Welt vergiftet*, übers. v. Anne Emmert, München 2007, S. 87).
16 Dawkins, *The God Delusion*, S. 52 (dt.: *Der Gotteswahn*, S. 46; im Orig. kursiv).

17 Richard Dawkins, »When Religion Steps on Science's Turf«, in: *Free Inquiry* 18:2 (1998), S. 18f., online unter: ⟨http://pds4.egloos. com/pds/200709/04/59/Richard_Dawkins_-_When_Religion_S teps_On_Sciences_Turf.pdf⟩, letzter Zugriff am 22.4.2019.
18 Stephen Jay Gould, *Rocks of Ages. Science and Religion in the Fullness of Life*, New York 1999, S. 5. (auf dt. etwa: »Sich nicht überschneidende Lehrgebiete«, aber der engl. Ausdruck und das Akronym haben sich auch im Deutschen eingebürgert, A. d. Ü.)
19 Francis Spufford, *Unapologetic. Why Despite Everything, Christianity Call still Make Surprising Emotional Sense*, London 2012, S. 68.
20 Søren Kierkegaard, *Abschließende unwissenschaftliche Nachschrift zu den Philosophischen Brocken. Erster Teil*, in: ders., *Gesammelte Werke und Tagebücher*, hg. u. übers. v. Emanuel Hirsch, Hayo Gerdes u. Hans Martin Junghans, Simmerath 2004, Bd. 10, 16/I. Abt., S. 196.
21 John D. Caputo, *Truth. The Search for Wisdom in the Postmodern Age*, London 2013, S. 49.
22 Philip Kitcher, *Life after Faith*, New Haven 2014, S. 103.
23 Alfred North Whitehead, *Science and the Modern World* [1925], New York 1967, S. 192 (dt.: *Wissenschaft und moderne Welt*, übers. v. Hans Günther Holl, Frankfurt/M. 1984, S. 222).

3. Identifikation

1 Daniel C. Dennett, *Breaking the Spell. Religion as a Natural Phenomenon*, New York 2006, S. 9 (dt.: *Den Bann brechen. Religion als natürliches Phänomen*, übers. v. Frank Born, Frankfurt/M., Leipzig 2008, S. 24; im Orig. kursiv).
2 Ronald Dworkin, *Religion without God*, Cambridge (Mass.) 2013, S. 23. (dt.: *Religion ohne Gott*, übers. v. Eva Engels, Berlin 2014, S. 29f.).
3 Emile Durkheim, *Die elementaren Formen des religiösen Lebens*, übers. v. Ludwig Schmidts, Frankfurt/M. 2007, S. 71.
4 Ebd., S. 72.
5 Pascal Boyer, *Religion Explained. The Evolutionary Origins of Religious Thought*, New York 2010, S. 6-9 (dt.: *Und Mensch schuf Gott*, übers. v. Ulrich Enderwitz, Monika Noll u. Rolf Schubert, Stuttgart 2004, S. 15-21).
6 Roger Scruton, *The Soul of the World*, Edinburgh 2014, S. 14.

7 Martin Heidegger, *Sein und Zeit* [1927], Tübingen ¹⁶1986, Teil I, Kap. 5, § 38.
8 John Rawls, *A Theory of Justice*, Cambridge (Mass.) 1971, S. 74 (dt.: *Eine Theorie der Gerechtigkeit*, übers. v. Hermann Vetter, Frankfurt/M. 1979, S. 94).
9 A. C. Grayling, *Against all Gods. Six Polemics on Religion and an Essay on Kindness*, London 2007, S. 10. Richard Dawkins sieht es ähnlich, siehe *The God Delusion*, London 2006, S. 296 (dt.: *Der Gotteswahn*, übers. v. Sebastian Vogel, Berlin 2016, S. 437f.).
10 Richard Dawkins, *Unweaving the Rainbow. Science, Delusion and the Appetite for Wonder* [1998], London 2006, S. x (dt.: *Der entzauberte Regenbogen. Wissenschaft, Aberglaube und die Kraft der Phantasie*, übers. v. Sebastian Vogel, Reinbek 2002, S. 10).
11 Philip Kitcher, *Life after Faith*, New Haven 2014, S. 120.
12 Durkheim, *Die elementaren Formen des religiösen Lebens*, S. 76 (im Orig. kursiv).
13 Ebd., S. 62.
14 Ebd., S. 76 (im Orig. kursiv).
15 Scruton, *The Soul of the World*, S. 15.
16 Karen Armstrong, *Fields of Blood. Religion and the History of Violence*, London 2014, S. 2 (dt.: *Im Namen Gottes. Religion und Gewalt*, übers. v. Ulrike Strerath-Bolz, München 2015, S. 13).
17 Scruton, *The Soul of the World*, S. 15.
18 Hugh Trevor-Roper, in: *One Hundred Letters from Hugh Trevor-Roper*, hg. v. Richard Davenport-Hines u. Adam Sisman, Oxford 2014, S. 349.
19 Durkheim, *Die elementaren Formen des religiösen Lebens*, S. 71.
20 Ebd., S. 72f.
21 Siehe z. B. die Abhandlungen in: Ben Rogers (Hg.), *Is Nothing Sacred?*, London 2004.
22 Simon Blackburn, »Religion and Respect«, in: Louise M. Anthony (Hg.) *Philosophers without God. Meditations on Atheism and the Secular Life*, Oxford 2007, S. 179-193, hier S. 191.

4. Religion und Gewalt

1 Richard Dawkins, *The God Delusion*, London 2006, S. 43 (dt.: *Der Gotteswahn*, übers. v. Sebastian Vogel, Berlin 2016, S. 36).
2 Ebd. (Übers. leicht korrigiert, A. d. Ü.)

3 Christopher Hitchens, *God Is Not Great. How Religion Poisons Everything*, New York 2007, S. 18-21 (dt.: *Der Herr ist kein Hirte. Wie Religion die Welt vergiftet*, übers. v. Anne Emmert, München 2007, S. 31-35).
4 Karen Armstrong, *Fields of Blood. Religion and the History of Violence*, London 2014, bes. S. 10f. (dt.: *Im Namen Gottes. Religion und Gewalt*, übers. v. Ulrike Strerath-Bolz, München 2015, bes. S. 26f.).
5 Hitchens, *God Is Not Great*, S. 25 (dt.: *Der Herr ist kein Hirte*, S. 38).
6 Ebd., S. 56 (dt.: S. 74f.).
7 Sam Harris, *The End of Faith. Religion, Terror, and the Future of Reason*, New York 2004, S. 12 (dt.: *Das Ende des Glaubens. Religion, Terror und das Licht der Vernunft*, übers. v. Oliver Fehn, Winterthur 2007, S. 8).
8 Ebd., S. 79 (dt.: S. 80).
9 John Gray, *Gray's Anatomy. Selected Writings*, London 2009, S. 3.
10 Harris, *The End of Faith*, S. 27 (dt.: *Das Ende des Glaubens*, S. 23f.; Übers. leicht geändert, A. d. Ü.).
11 Ramachandra Guha, *India after Gandhi. The History of the World's Largest Democracy*, Oxford 2007.
12 Hitchens, *God Is Not Great*, S. 18 (dt.: *Der Herr ist kein Hirte*, S. 31).
13 Dawkins, *The God Delusion*, S. 43 (dt.: *Der Gotteswahn*, S. 36).
14 Tatsächlich schrieb Voltaire: »Wer berechtigt ist, einen ungereimt zu machen, kann ihn auch ungerecht machen« (»Certainement qui est en droit de vous rendre absurde est en droit de vous rendre injuste«). Das ist eine leicht andere Stoßrichtung. Siehe Voltaire, »Elfter Brief. Von dem Herrn Proposant an den Herrn Covelle«, in: *Untersuchung über die Wunder in Briefen*, in: *Voltair's sämtliche Schriften*, Bd. 16, Berlin 1788, S. 359-368, hier S. 365.
15 Harris, *The End of Faith*, S. 242, Anm. 17 (die Stelle fehlt in der gesamten dt. Übers., A. d. Ü.).
16 Ebd., S. 85 (dt.: S. 86).
17 T. M. Scanlon, *What We Owe to Each Other*, Cambridge (Mass.) 1998, S. 17.
18 Anthony Kenny, *The God of the Philosophers*, Oxford 1979, S. 129.

5. Die Bedeutung von Toleranz

1 Die Zahl für 2006 stammt aus: John Micklethwait, Adrian Woolridge, *God is Back. How the Global Revival of Faith is Changing the World*, New York 2009, S. 5. Zur Anzahl der Christen in China siehe: Pew Research Center, »Appendix C: Methodology for China«, ⟨https://www.pewresearch.org/wp-content/uploads/sites/7/2011/12/ChristianityAppendixC.pdf⟩, in: *Global Christianity. A Report on the Size and Distribution of the World's Christian Population*, ⟨https://www.pewforum.org/2011/12/19/global-christianity-exec/⟩, letzter Zugriff am 31.5.2019.
2 John Gray, *Black Mass. Apocalyptic Religion and the Death of Utopia*, London 2007, S. 207 (dt.: *Politik der Apokalypse. Wie Religion die Welt in die Krise stürzt*, übers. v. Christoph Trunk, Stuttgart 2009, S. 322; im Orig. kursiv.
3 Ebd., S. 208 (dt.: S. 323).
4 Brian Leiter, *Why Tolerate Religion?*, Princeton 2013.
5 David Lewis, »Mill and Milquetoast«, in: *Australasian Journal of Philosophy* 76 (1989), S. 152-171, hier S. 152.
6 W.V.O. Quine, *Word and Object*, Cambridge (Mass.) 1960, S. 59 (dt.: *Wort und Gegenstand*, übers. v. Joachim Schulte in Zusammenarbeit mit Dieter Birnbacher, Stuttgart 1980, S. 114).
7 Susan Mendus, »My Brother's Keeper. The Politics of Intolerance«, in: dies. (Hg.), *The Politics of Toleration. Tolerance and Intolerance in Modern Life*, Edinburgh 1999, S. 1-12, hier S. 3.
8 Tariq Ramadan, *The Quest for Meaning. Developing a Philosophy of Pluralism*, London 2010, S. 48.
9 Frank Furedi, *On Tolerance. A Defence of Moral Independence*, London 2011.
10 Simon Blackburn, »Religion and Respect«, in: Louise M. Anthony (Hg.), *Philosophers without God. Meditations on Atheism and the Secular Life*, Oxford 2007, S. 179-193, hier S. 179.
11 Ebd.
12 Raymond Geuss, *Reality and Its Dreams*, Cambridge (Mass.) 2016, S. 96.

Register

Abū Bakr 127
Al-Arba'in-Wallfahrt 13
'Alī ibn Abī Tālib (Ali) 127
Anselm von Canterbury 76
Armstrong, Karen 11, 16, 19, 107, 116, 177f., 182f.
Atheismus 7, 10, 28-34, 37, 40, 58, 68, 148, 174
– und Agnostizismus 29f., 145
– Neue Atheisten 7-10, 23, 31f., 41f., 52, 59, 71, 77, 81, 95, 98, 100, 114, 118-120, 123, 126, 130, 132, 134f., 145f., 148, 150-153, 172-176
– optimistischer und pessimistischer 48-52, 146, 175f.

Baggini, Julian 30, 178
Beerdigung (Begräbnis, Bestattung) 34, 77f., 109f., 170f.
Begründen (*reasoning*) 143-145
Benthem, Jeremy 37, 39f., 179
Bentley Hart, David 31, 178
Blackburn, Simon 19, 45, 111, 169-171, 177, 179f., 182, 184
Boyer, Pascal 23, 75, 89, 178, 181
Botton, Alain de 32f., 178
Brentano, Franz 108

Caputo, John 78, 181
China 116, 150, 184
Christentum, Christen 31f., 35, 60f., 73, 81, 83f., 86, 89, 117, 163, 175
– anglikanische Kirche, Anglikaner 57, 81
– katholische Kirche, Katholiken 81, 91, 96f., 115, 124f., 129, 132f.
– orthodoxe Kirche, Orthodoxe 106, 115, 124-126
– Pfingstbewegung, Pfingstler 102, 110
Cottingham, John 20, 178

Dawkins, Richard 7, 22, 31, 34-36, 63f., 67, 81, 84, 98, 100, 114, 124, 128, 131, 174, 178-183
Dennett, Daniel C. 7, 22, 24, 31, 35f., 84, 178, 181
Dreißigjähriger Krieg 115, 132-134
Durkheim, Emile 16, 20-22, 29, 88f., 98, 103-105, 110f., 121, 177f., 181f.
Dworkin, Ronald 32f., 40, 84f., 178, 181

Ethnizität 90, 92, 131

Franziskus (Papst) 13
Freud, Sigmund 47, 136
Furedi, Frank 165, 184

Geuss, Raymond 173, 184
Gewalt 10, 97, 151-153, 174
– Klassifikation 121-135
– nichtreligiöse 115f., 119, 134
– religiöse 115-117, 121-123, 126-128, 131-135, 153,
Gott 18, 21-23, 28f., 31-35, 47f., 50f., 60-66, 68, 71, 74, 76, 81-86
– Gotteshypothese (Dawkins) 22, 63-64, 81f., 84
Gould, Stephen Jay 75, 181
Gräuel 113-121, 146
Gray, John 11, 35, 38, 61, 119, 148, 154, 177-180, 182-184
Grayling, A. C. 7, 22, 31, 95, 178, 182
Guha, Ramachandra 123, 183

Harris, Sam 7, 31, 118f., 122-124, 135f., 138, 145, 183
Heidegger, Martin 94, 182
Heilige, das 8, 18, 103-112, 173
Herbert, George 47, 180
Hitchens, Christopher 7, 31, 64, 115, 117, 124, 128-130, 174, 180, 183
Hitler, Adolf 119
Humanismus 10, 33-38, 40f.
– und die Bewegung der Brights 36
– Manifest 34
– Renaissance 27
Husserl, Edmund 108

Identifikation 8, 10, 22f., 32f., 43, 81-112, 116, 120, 122, 126, 128, 130, 134, 153, 173
Impuls, religiöser 8, 21f., 32f., 43-47, 49-52, 55, 58f., 62f., 66, 68f., 79f., 87, 103, 111, 120, 147, 151, 173f.
Indien 13, 150
– und Pakistan 122f.
Intentionalität 107-109, 112
Irak 13, 91, 113f.
Irrationalität 10, 31, 65, 71, 73, 75, 118, 135-148, 151, 166, 172-174
siehe auch Rationalität
Islam, Muslime 13f., 61, 81-85, 95, 97, 105f., 114f., 117, 123f., 127
– fünf Säulen 81-83
– Sunniten und Schiiten 113f., 127
Islamischer Staat (IS) 113

James, William 16f., 19, 43-45, 55, 58f., 63, 140, 177, 179f.
Jesus Christus 31, 73, 109, 124, 139, 178
Judentum, Juden 14, 57, 60f., 84, 86, 95, 97, 106f., 109, 117, 169-171
JHWH 61

Kaaba 105-107, 110
Kalter Krieg 149
Kant, Immanuel 146, 164f.
Kenny, Anthony 145, 183
Kierkegaard, Søren 77, 181
Kitcher, Philip 11, 78, 99f., 181f.
Kopernikus, Nikolaus 47, 159
Kumbh Mela (Fest) 13

Laplace, Pierre-Simon 63f.
Larkin, Philip 48, 51, 180
Leiter, Brian 154, 184
Lewis, David 155, 184

Magie 20, 89, 97, 106f., 110 *siehe auch* Durkheim, Emile
Maoismus 120
Mao Zedong 119
Marx, Karl 47, 136, 149
Mendus, Susan 162, 184
Mill, John Stuart 37, 39
Mohammed (Prophet) 13, 61, 71, 82, 105, 117, 127

Nagel, Thomas 11, 19f., 55, 57f., 178, 180
Naturwissenschaften *siehe* Wissenschaft(en)
Nazismus 120
Neue Atheisten *siehe* Atheismus
Nietzsche, Friedrich 15, 177
Nordirlandkonflikt 115, 128-130, 132
Norman, Richard 37f., 179

Quäker 57

Patriotismus 90f.
Paulus (Apostel) 31, 72

Quine, W.V.O. 158, 184

Ramadan, Tariq 165f., 184
Rationalität 38, 44, 94-96, 136-138, 142-148, 152, 176f. *siehe auch* Irrationalität
Rawls, John 93-95, 182
Relativismus 54, 154-161, 163
Religion

– Definition 15-17, 20-22, 84, 120, 140
– kognitionswissenschaftliche Erklärung der 52, 55f.
– und Moral 15, 18f., 50, 57, 60, 71, 83-87, 163
Rose, Stephen 35
Rushdie, Salman 128
Russell, Bertrand 68f.

Sakrament 86
Scanlon, T.M. 137, 183
Scruton, Roger 11, 92, 94, 104, 107, 109, 181f.
Sinn des Lebens 17-20, 46-51, 74-76, 98f., 101
Spufford, Francis 76, 181
Stalin, Josef 119
Stalinismus 120

Tartaglia, James 19, 177
Taylor, Kenneth 51, 180
Temperament, religiöses 55-58
Theologie 18, 23f., 59, 70, 126
Thomas (Apostel) 138
Tito, Josip Broz 125
Toleranz 9-11, 154f., 161-166
– Grenzen der 166-176
Transzendente, das 8, 17, 20-22, 28, 31-35, 39f., 58-68, 75, 78f., 102f., 108, 111f.
Trevor-Roper, Hugh 109f., 182

Übernatürliche, das 20-24, 53, 62f., 89, 107, 120
Überzeugung (*belief*) 18, 24-30, 53, 55f., 58f., 76, 108, 137-145, 148, 155, 159-162,
– kontraintuitive 52-54
Utilitarismus 39f.

Voltaire 135f., 183

Weber, Max 47, 52, 180
Whitehead, Alfred North 79f., 181
Wissenschaft(en) 8f., 19-21, 23, 28, 43, 46f., 59f., 64-75, 77, 79f., 82, 84f., 98-101, 106, 139, 175

al Zarqawi, Abu Musab (Abū Musʿab az-Zarqāwī) 113

Religionswissenschaft im Suhrkamp Verlag
Eine Auswahl

Johann Jakob Bachofen. Das Mutterrecht. Eine Untersuchung über die Gynaikokratie der alten Welt nach ihrer religiösen und rechtlichen Natur. Eine Auswahl, herausgegeben von Hans-Jürgen Heinrichs. stw 135. 500 Seiten

Eric Robertson Dodds. Heiden und Christen in einem Zeitalter der Angst. Aspekte religiöser Erfahrung von Mark Aurel bis Konstantin. Vorwort von Georges Devereux. stw 1024. 198 Seiten

Emile Durkheim. Die elementaren Formen des religiösen Lebens. Übersetzt von Ludwig Schmidts. stw 1125. 607 Seiten

Mircea Eliade. Schamanismus und archaische Ekstasetechnik. Übersetzt von Inge Köck. stw 126. 480 Seiten

Clifford Geertz. Religiöse Entwicklungen im Islam. Beobachtet in Marokko und Indonesien. Übersetzt von Brigitte Luchesi. Mit einem Essay von Bassam Tibi. stw 972. 206 Seiten

Werner Gephart/Hans Waldenfels (Hg.). Religion und Identität. Im Horizont des Pluralismus. stw 1411. 271 Seiten

Alois M. Haas. Mystik als Aussage. Erfahrungs-, Denk- und Redeformen christlicher Mystik. stw 1196. 529 Seiten

Hans G. Kippenberg. Die vorderasiatischen Erlösungsreligionen in ihrem Zusammenhang mit der antiken Stadtherrschaft. Heidelberger Max-Weber-Vorlesungen. stw 917. 604 Seiten

Raymond Klibansky/Erwin Panofsky/Fritz Saxl. Saturn und Melancholie. Studien zur Geschichte der Naturphilosophie und Medizin, der Religion und der Kunst. Übersetzt von Christa Buschendorf. stw 1010. 640 Seiten

Niklas Luhmann. Die Religion der Gesellschaft. Herausgegeben von André Kieserling. stw 1581. 362 Seiten

Maxime Rodinson. Islam und Kapitalismus. Übersetzt von Renate Schubert. Einleitung von Bassam Tibi. stw 584. 417 Seiten

Wolfgang Schluchter. Religion und Lebensführung, Band 1: Studien zu Max Webers Kultur- und Werttheorie. stw 961. 389 Seiten

Wolfgang Schluchter. Religion und Lebensführung, Band 2: Studien zu Max Webers Religions- und Herrschaftssoziologie. stw 962. 675 Seiten

Verantwortliches Handeln in gesellschaftlichen Ordnungen. Beiträge zu Wolfgang Schluchters ›Religion und Lebensführung‹. Herausgegeben von Agathe Bienfait und Gerhard Wagner. stw 1348. 365 Seiten

Wolfgang Schluchter (Hg.)
- Max Webers Sicht des antiken Christentums. Interpretation und Kritik. stw 548. 568 Seiten
- Max Webers Sicht des okzidentalen Christentums. Interpretation und Kritik. stw 730. 589 Seiten
- Max Webers Studie über das antike Judentum. Interpretation und Kritik. stw 340. 330 Seiten

Gershom Scholem
- Judaica I-VI. Sechs Bände. Zusammen 1288 Seiten

- Judaica I. Essays. BS 106. 234 Seiten
- Judaica II. BS 263. 227 Seiten
- Judaica III. Studien zur jüdischen Mystik. BS 333. 272 Seiten
- Judaica IV. Herausgegeben von Rolf Tiedemann.
  BS 831. 286 Seiten
- Judaica V. Erlösung durch Sünde. Herausgegeben, übersetzt und Nachwort von Michael Brocke. BS 1111. 154 Seiten
- Judaica VI. Die Wissenschaft vom Judentum. Herausgegeben und Nachwort von Peter Schäfer, in Zusammenarbeit mit Gerold Necker und Ulrike Hirschfelder.
  BS 1269. 110 Seiten
- Die jüdische Mystik in ihren Hauptströmungen.
  stw 330. 490 Seiten
- Über einige Grundbegriffe des Judentums. es 414. 170 Seiten
- Von der mystischen Gestalt der Gottheit. Studien zu Grundbegriffen der Kabbala. stw 209. 324 Seiten
- Zur Kabbala und ihrer Symbolik. stw 13. 303 Seiten
- Zwischen den Disziplinen. Herausgegeben von Peter Schäfer und Gary Smith. es 1989. 295 Seiten

Frederic Spiegelberg. Die lebenden Weltreligionen. Übersetzt von Dora Fischer-Barnicol. st 2739. 614 Seiten

Gianni Vattimo/Richard Rorty. Die Zukunft der Religion. Aus dem Amerikanischen von Michael Adrian. Herausgegeben und mit einer Einleitung von Santiago Zabala.
114 Seiten. Gebunden

Alfred North Whitehead. Wie entsteht Religion? Übersetzt von Hans Günter Holl. Leinen und stw 847. 128 Seiten

Karin Wieland. Worte und Blut. Wandlungen des männlichen Selbst im Übergang zur Neuzeit. es 1740. 367 Seiten